Irmfried Eberl

Michael Grabher

Irmfried Eberl

„Euthanasie"-Arzt und Kommandant von Treblinka

2., durchgesehene Auflage

PETER LANG

Frankfurt am Main · Berlin · Bern · Bruxelles · New York · Oxford · Wien

Bibliografische Information Der Deutschen Bibliothek
Die Deutsche Bibliothek verzeichnet diese Publikation in der
Deutschen Nationalbibliografie; detaillierte bibliografische
Daten sind im Internet über <http://dnb.ddb.de> abrufbar.

Umschlagabbildung:
Abdruck mit freundlicher Genehmigung des
Hessischen Hauptstaatsarchivs Wiesbaden.

ISBN 3-631-55434-6
© Peter Lang GmbH
Europäischer Verlag der Wissenschaften
2., durchgesehene Auflage
Frankfurt am Main 2006
Alle Rechte vorbehalten.

Das Werk einschließlich aller seiner Teile ist urheberrechtlich
geschützt. Jede Verwertung außerhalb der engen Grenzen des
Urheberrechtsgesetzes ist ohne Zustimmung des Verlages
unzulässig und strafbar. Das gilt insbesondere für
Vervielfältigungen, Übersetzungen, Mikroverfilmungen und die
Einspeicherung und Verarbeitung in elektronischen Systemen.

www.peterlang.de

Vorwort zur zweiten Auflage

Wenn ein Autor wenige Wochen nach Erscheinen seines Buches vom Verlag darum gebeten wird, ein Vorwort für die zweite Auflage zu verfassen, dann können Sie sich vorstellen, dass der Autor dieser Aufgabe mit Freuden nachkommt. Denn der Verfasser weiß: das Buch hat die Erwartungen übertroffen.

Entscheidend für den Erfolg von *Irmfried Eberl. „Euthanasie"-Arzt und Kommandant von Treblinka* waren meines Erachtens Faktoren, die mit der Thematik des Buches in Zusammenhang stehen, aber über bloße inhaltliche Gesichtspunkte hinausgehen. Sicherlich hat die mediale Präsenz (Titelstory im Nachrichtenmagazin ECHO, TV- und Hörfunkberichte des ORF, Artikel in der Wochenendausgabe der Tageszeitung „Der Standard" ...) eine große Rolle gespielt. Diejenigen Medien, die über den Holocaust berichten, geben zugleich ein beachtenswertes Bekenntnis ab, das sich mit meinem Selbstverständnis deckt: sie halten es auch nach über 60 Jahren für wichtig, an das Furchtbare zu erinnern.

Am Ende aber liegt der Ball bei den Lesern. Ein Buch, das niemand kauft, kann auch niemand lesen. Sie haben es sich gekauft (außer Sie haben es ausgeliehen, denn gestohlen haben Sie es hoffentlich nicht). Ihr Interesse ist ein maßgebliches Kriterium, das den Stellenwert dieses Buches bestimmt. Und dafür gebührt Ihnen mein Dank.

Michael Grabher
Schwarzach, im März 2006

Inhaltsverzeichnis

I.	Einleitung	7
II.	Jugend in Bregenz: Elternhaus und Einflüsse	9
III.	Studium in Innsbruck: Burschenschafter und NS-Funktionär	13
IV.	Als „Flüchtling" nach Deutschland: beruflicher und privater Neuanfang	19
V.	Mörderischer Karrieresprung – Direktor der „Euthanasie"-Anstalt Brandenburg	31
VI.	Massenmord, zweite Station: Direktor der Anstalt Bernburg	53
VII.	„Rekordhalter" im Vergasen – Kommandant des Vernichtungslagers Treblinka	65
VIII.	Rückkehr, Kriegseinsatz und Kriegsgefangenschaft	85
IX.	Der Kriminalfall Eberl: Spurensuche, Verhaftung, Selbstmord	93
X.	„Gott und die Welt vergasen" – Beurteilungsversuch des Undenkbaren	105
	Bildteil	111
	Anmerkungen	117
	Literatur- und Abkürzungsverzeichnis	123
	Personenregister	127

I. Einleitung

1910, Bregenz am Bodensee: Irmfried Eberl kommt zur Welt – in einer bürgerlichen Familie und Umgebung. Er maturiert am Bregenzer Gymnasium, schließt 1935 in Innsbruck sein Medizin-Studium ab. 1948 verübt er in der Haft Selbstmord. Dazwischen liegt eine nationalsozialistische Karriere – als Massenvernichter.

Der Name Irmfried Eberl ist in der Öffentlichkeit so gut wie unbekannt. Als Synonym für den Holocaust steht das Konzentrationslager Auschwitz, als Synonym für die Grauen der NS-Medizin Josef Mengele, der dortige Lagerarzt. Genauso gut könnten das Vernichtungslager Treblinka und dessen Kommandant Eberl exemplarisch dafür fungieren. Eberl war bislang ein Stiefkind der zeithistorischen Forschung, es gibt kein Buch über ihn, lediglich einen Aufsatz, der sich vorwiegend mit seiner Studienzeit beschäftigt. Ansonsten existieren mehrere kurze Erörterungen in Werken, die die „Euthanasie" im Nationalsozialismus thematisieren. Dort erhält man jedoch nur bruchstückhaft Auskunft, da die Betrachtungen auf Einzelaspekte in seinem Leben beschränkt bleiben.

Trotz der nicht ganz einfachen Quellenlage ist es nun gelungen, diese Forschungslücke zu schließen und eine Biographie Irmfried Eberls vorzulegen. Die neuen Erkenntnisse, die sowohl seine berufliche Laufbahn als auch sein Privatleben betreffen, basieren auf zahlreichen bisher unberücksichtigten Quellen, die in diesem Buch erstmals veröffentlicht werden.

Mein besonderer Dank gilt all jenen, die an der Entstehung und Realisierung des Projekts beteiligt waren: Verena Stoppel und Mag. Adelheid Hilbrand (Lektorat), Dr. Norbert Willenpart (Peter Lang Verlag), Dr. Johann Zilien (Hessisches Hauptstaatsarchiv Wiesbaden), Dorothea Bader (Staatsarchiv Ludwigsburg), Julia Fritz (Amt der Vorarlberger Landesregierung), Dr. Wolfgang Fetz (Kulturabteilung der Landeshauptstadt Bregenz) und Seff Dünser.

Michael Grabher
Schwarzach, im November 2005

II. Jugend in Bregenz: Elternhaus und Einflüsse

Irmfried Georg Rolf Eberl kam am 8. September 1910 in Bregenz zur Welt, als Sohn von Ing. Franz Joseph Eberl und Theresia Josefine Eberl, geborene Zannier.[1] Sein Vater stammte aus Wien und war Jahrgang 1876. Zu seiner Studienzeit war dieser Mitglied der Wiener Burschenschaft „Eisen"[2], einer an der Technischen Hochschule agierenden Studentenverbindung, deren Auffassungen sich am Rassenantisemitismus von Georg Ritter von Schönerer orientierten.

Schönerer war ab 1879 Führer der sogenannten alldeutschen (=deutschnationalen) Bewegung in Österreich. Er wurde von Adolf Hitler in „Mein Kampf" erwähnt. Schönerer sei ein brillanter Theoretiker gewesen, habe sich aber fälschlicherweise in seinen politischen Bemühungen auf das Bürgertum statt auf die breite Masse gestützt, urteilte Hitler. Mit Schönerer, der in Wahrheit an seinem Radikalismus scheiterte, war außerdem die „Los-von-Rom-Bewegung" untrennbar verbunden: die katholische Religion wurde als „deutschfeindlich" abgelehnt und abgelegt – u. a. vom Burschenschafter Franz Eberl, der um die Jahrhundertwende aus der katholischen Kirche austrat.[3] Der Übertritt zum protestantischen Glauben blieb Intermezzo, bald wandte er sich auch von der protestantischen Kirche ab. Eine ablehnende, geradezu feindliche Haltung gegenüber der katholischen Kirche war im Denken der Alldeutschen Allgemeingut.

Irmfried Eberls Mutter, Theresia Josefine Eberl, war Funktionärin der Großdeutschen Partei Vorarlbergs[4], die als Nachfolgeorganisation der deutschnationalen Bewegung aufzufassen ist. 1933 schloss die Großdeutsche Partei ein Kampfbündnis mit der österreichischen NSDAP. Nach dem Parteienverbot während der austrofaschistischen Ära gingen mit dem Anschluss Österreichs an das Deutsche Reich (März 1938) die Mitglieder der Großdeutschen Partei in der NSDAP auf. Eine Entwicklung, die auch die Familie Eberl betraf: Franz und Theresia wurden zu Mitgliedern der NSDAP in Vorarlberg.[5] Franz Eberl war seit 1910 Leiter des Vorarlberger

Gewerbe-Inspektorats. 1937 – also während der Zeit des Austrofaschismus – wurde er „*wegen seiner bekannten nationalen Einstellung und wegen der Zugehörigkeit seiner Söhne zur NSDAP in Ruhestand versetzt*"[6]. Irmfried selbst sorgte durch Intervention in höchsten NS-Parteikreisen dafür, dass Franz Eberl im Jänner 1941 wieder in ein Beamtenverhältnis übernommen wurde und fortan den Titel „Regierungsdirektor" tragen durfte. Nach dem Krieg erhielt der finanziell in Not Geratene, dessen Wohnung von der Besatzungsmacht beansprucht wurde, erst einen staatlichen Unterhaltszuschuss von 150 Schilling monatlich, später eine Pension von 595 Schilling monatlich zuerkannt. Das Ehepaar Eberl verstarb in den 60er Jahren in Vorarlberg.

Wie tief das nationalsozialistische Gedankengut die Familie erfasste, zeigt sich daran, dass alle drei Kinder (die Söhne Harald, Ekhard und Irmfried) diesbezügliche Funktionen ausübten. Harald und Irmfried schlossen ein Studium ab, Ekhard (Jahrgang 1904) war Ortsgruppenleiter der NSDAP in Kitzbühel. Während des Austrofaschismus verlor er deswegen seinen Arbeitsplatz als Angestellter der Krankenkasse. Später betätigte er sich beruflich als Kaufmann.[7] Er blieb ein unbekannter Mitläufer des Systems. Anders der Familienälteste Harald, der Karriere machte.[8] Zur Welt kam er am 23. August 1902 in Oberaltstadt/Trautenau, im Sudetenland.[9] Dort war der Vater zwischenzeitlich als Hochwasserleitungsingenieur tätig. Harald besuchte die Volksschule in Graz und maturierte nach der Übersiedlung ins „Ländle" am Gymnasium Bregenz mit Auszeichnung.[10] Er zählte 1920, im Jahr seiner Reifeprüfung, zu den Gründungsmitgliedern der schlagenden Mittelschulverbindung „Nibelungia".[11] Danach studierte er an der Universität Innsbruck Rechts- und Staatswissenschaften. 1922 wurde er Mitglied der Burschenschaft „Germania", der „Prätorianergarde des Rassenantisemitismus"[12]. Er bekleidete die Funktion des Kulturamtsleiters der Deutschen Studentenschaft Innsbruck 1922/23 und wurde dort im darauf folgenden Studienjahr deren zweiter Vorsitzender. Harald Eberls Studium war von Erfolg gekrönt. Er promovierte am 19. Jänner 1924 zum Dr. rer.

pol., am 3. Dezember 1927 zum Dr. iur. Er wurde zunächst Geschäftsführer der Gewerbeverbände und Gewerbegenossenschaft von Tirol, dann des Tiroler Handels- und Gewerberates. 1929 wechselte Harald Eberl in die Anwaltskanzlei des Bregenzer Bürgermeisters Dr. Ferdinand Kinz (1872 – 1935, Bürgermeister 1906 – 1929), der der Großdeutschen Volkspartei angehörte. Kinz war bei derselben Burschenschaft wie die Brüder Eberl. Von 1934 bis zu seinem Kriegsdienst führte Harald Eberl die Kanzlei unter eigenem Namen.[13]

Am 1. Mai 1932 wurde Harald Mitglied der NSDAP (Mitglieds-Nummer: 903.691). Er machte als Gauredner auf sich aufmerksam, forderte 1938 die Abtrennung Vorarlbergs von Tirol und die Vereinigung mit dem Gau Schwaben. Davor bescherte ihm sein Einsatz für die Nazis mehrere Inhaftierungen. Nach dem Anschluss wurde er Finanzreferent in der Vorarlberger Landesregierung und kommissarischer Leiter der Industrie- und Handelskammer in Feldkirch. Er brachte es zum Aufsichtsratsvorsitzenden der Vorarlberger Illwerke (Wasserkraft) und zum Präsidenten der Handelskammer. 1942 begann für ihn der Fronteinsatz. Nach der Ausbildung zum Offizier wurde er bei den Gebirgsjägern eingesetzt. Er kämpfte in Italien und erwies sich als ehrgeiziger Soldat, der das Kriegsverdienstkreuz verliehen bekam.

Nach dem Krieg schaffte Harald einen Neuanfang. Zunächst arbeitete er in leitender Position in einem großen Industrieunternehmen in Baden-Württemberg, später ließ er sich in München nieder, wo er einen eigenen Betrieb gründete. Die Firma mit 300 Beschäftigten spezialisierte sich auf den Vertrieb von Montagewerkzeug. Harald Eberl starb am 19. November 1990 in München.

In vielem gleicht der Weg Irmfrieds dem des Bruders. Er maturierte wie Harald in Bregenz, studierte in Innsbruck, verschrieb sich ganz der nationalsozialistischen Ideologie. Doch er sollte innerhalb des NS-Systems eine so unheilvolle Rolle spielen, dass er den Bruder bei weitem übertraf.

Zunächst war er ein mustergültiger Schüler am Gymnasium. Ab der siebten Klasse (Schuljahr 1926/27) galt Irmfried innerhalb der Schule als „echter" Vorarlberger, wurde in den Katalogen dementsprechend geführt.[14] Vermutlich gehörte auch er der „Nibelungia" an, bei deren Gründung Harald mitgewirkt hatte. Wie er war Irmfried der jüngste Maturant seines Jahrgangs. Am 15. Juni 1928 wurde der 17-Jährige für „Reif mit Auszeichnung" erklärt.[15] Seine Hausarbeit zur Reifeprüfung trug den Titel „Deutschland und Frankreich am Rhein", ein Thema, das er in einer politischen Rede während seiner Studienzeit wieder aufgriff. Weitere Parallele zum älteren Bruder: Zur Zeit des Schulabschlusses lautete Irmfrieds Berufswunsch noch Jurist, er plante den Beginn eines Jus-Studiums[16], änderte aber offensichtlich in den nächsten Monaten seine Meinung.

III. Studium in Innsbruck: Burschenschafter und NS-Funktionär

Nach der Matura inskribierte Irmfried Eberl im Wintersemester 1928/29 Medizin an der Universität Innsbruck. Er tat es dem Bruder gleich und wurde schon im ersten Semester Mitglied der radikalen Burschenschaft „Germania". In den 20er Jahren verhärteten sich die Fronten zwischen den studentischen Verbindungen, denn die Gegensätze, die Ende des 19. Jahrhunderts aufgekommen waren, wurden wieder aktuell – auf der einen Seite das katholisch-habsburgertreue Lager der katholischen Verbindungen, auf der anderen Seite die schlagenden Burschenschaften. Nach einer Phase der Annäherung während des 1. Weltkriegs (schließlich kämpften beide für Österreich) wurde das Schlagwort „christlichsozial" zum Reizwort für die Burschenschafter. Die katholische Kirche und ihre Sympathisanten wurden immer stärker zum Feindbild der rassenantisemitischen akademischen Bewegung.[17] So auch in Westösterreich: Im Sommersemester 1930 reiste der freiheitliche Hochschulausschuss der Universität Innsbruck unter der Führung von Irmfried Eberl in dessen Heimatstadt Bregenz, um dort eine Kundgebung „gegen die Zunahme der christlichsozialen Bewegung in Vorarlberg" abzuhalten.[18]

Deutschtümelei und Betonung des Arischen waren bei der „Germania" die weltanschaulichen Fixpunkte. Im Innsbrucker Universitätsarchiv lassen sich die Angaben zur „Volkszugehörigkeit" nachlesen. Beim „Germanen" Irmfried Eberl ist offensichtlich, wohin der Weg führte. Zwischen 1928 und 1935 sah er sich erst als „österreichisch", dann als „deutschösterreichisch", ehe die Nationalität vollständig zu „deutsch" mutierte. Schließlich kam die rassische Komponente hinzu – „deutscharisch" wollte Eberl sein.[19] Am 8. Dezember 1931 wurde er in Innsbruck Mitglied der NSDAP (Mitglieds-Nummer: 687.095), ein halbes Jahr vor seinem Bruder Harald. In den Sommermonaten der Jahre 1930, 1931 und 1932 arbeitete Irmfried in der Fotoabteilung einer Villacher Drogerie.[20]

Innerhalb des ursprünglich großdeutschen Bündnisses der „Deutschen Studentenschaft" (DSt) übernahm der „Nationalsozialistische Deutsche Studentenbund" (NSDStB) 1931 im Reich und in Österreich das Ruder. Im Dezember 1932 kam es in Innsbruck zu Straßenkämpfen zwischen Anhängern der katholischen Verbindungen und Burschenschaftern. Im Dezember 1932 trat auch die Katholisch-Deutsche Hochschülerschaft Österreichs (KDHÖ) aus der DSt aus. An den Wahlen zum Allgemeinen Studentenausschuss (AStA) vom 31. Jänner bis 3. Februar 1933 beteiligten sich die katholischen Verbindungsangehörigen nicht. Irmfried Eberl, der innerhalb der DSt Innsbruck seit dem Sommersemester 1932 Leiter des Amts für Leibesübungen war und für die Liste der „völkischen Arbeitsgemeinschaft" kandidierte, versuchte am 26. Jänner 1933, seine nationalsozialistischen Kommilitonen auf die Wahl einzuschwören. Die Rede entlarvt Eberl als NS-Propagandisten par excellence.

„Als ich vor etwa einem Monat an einem klaren Wintertag den Rhein entlang hinunterfuhr, da sah ich eine ganze Reihe von Schleppzügen stromauf- und abwärts fahren. Jedesmal wenn einer dieser Schleppzüge die deutsche Flagge trug, so freute ich mich. Aber nur selten wurde mir diese Freude zuteil, denn weitaus die meisten trugen die französische, dann noch ein Teil die niederländische oder belgische und nur der schäbige Rest die deutsche Flagge. Sinnfälliger und eindrucksvoller schaut man wohl nirgends den fremden Einfluss als durch das Überwiegen der französischen Trikolore – am deutschen Rhein.
Und je weiter man nach Westen fährt desto stärker wird dieser Einfluss. Daraus erwächst für uns Deutsche die Pflicht den Fremdling, der unser deutsches Vaterland unter seine Botmässigkeit zwingen will, zu bekämpfen.
...
Die Studentenschaft erwuchs aus dem Willen der heimgekehrten Frontsoldaten, das Reich, das uns von den Novemberverbrechern 1918 in Trümmer geschlagen wurde, wieder aufzubauen und unserem Vaterlande

in der Welt die Geltung wieder zu erobern, die es kraft seiner tausendjährigen Geschichte, die es heute noch lebt, ein Recht hat. Wir Nationalsozialisten bejahen deshalb die Studentenschaft, weil wir in ihr ein Mittel sehen zur Erneuerung unseres Volkes und glauben, dass gerade die akademische Jugend die Pflicht hat, das Vermächtnis derer von Langemark in die Tat umzusetzen.

...

Deshalb kämpfen wir gegen ein Lausanner Abkommen, das uns auf Jahre hinaus versklavt, deshalb erkennen wir die deutschen Ostgrenzen nicht an, deshalb wollen wir die Rückkehr von Deutschsüdtirol.

...

Wir deutschen Studenten, die wir für ein freies, grosses Deutschland kämpfen, müssen uns aber bewusst sein, dass wir diese Freiheit niemals als Klasse, sondern nur als Teil des gesamten Volkes erlangen können. Darum haben Studenten auch die Pflicht gegen die Klasseneinteilung in unserem Volke Front zu machen.

Deshalb, Kommilitonen, haben wir Euch zu den Astawahlen aufgerufen, damit Ihr uns mithelft, die deutsche Studentenschaft zu erhalten! Deshalb fordern wir Euch, die Ihr deutschbewusst seid, auf, bei den Wahlen Eure Stimme abzugeben und nie den Kampf abzulassen, für ein Grossdeutschland auf nationaler und sozialer Grundlage im Sinne unseres Führers

Adolf Hitler! Heil Hitler!"[21]

Es sind die Parolen Hitlers, der sich in jenen Tagen in Deutschland endgültig durchsetzte, am 30. Jänner 1933 zum „Reichskanzler" ernannt wurde. Die national-romantische Vorstellung vom deutschen Rhein, die Rückkehr ins „heldenhafte" Mittelalter („1000-jähriges Reich"), die Propagierung der Volksgemeinschaft, Großdeutschlands und des Führers – all diese Schlagwörter unterstreichen, wie sehr der 22-jährige Irmfried den NS-Geist bereits verinnerlicht hatte. Hinzu kommt die jüngste Vergangenheit: Die Niederlage im 1. Weltkrieg war noch nicht vergessen. Der Verlust Südtirols, der damals heiß diskutierte Lausanner Vertrag (Ende der Reparationszahlungen für Deutschland), den die Nazis als „faulen Kompromiss" ablehnten, der von den sogenannten „Novemberverbrechern" angeblich in die Wege geleitete Dolchstoß (die Umstände, die zur Weimarer Republik führten: das „im Feld unbesiegte" deutsche Heer habe aus der Heimat einen „Dolchstoß von hinten" erhalten, so die NS-Propaganda). Darüber hinaus greift Eberl den Mythos von „Langemark" auf, eine verlustreiche Schlacht im 1. Weltkrieg in Flandern, an der auch „heldenhafte" Studenten beteiligt gewesen sein sollen. Dieser Mythos verlor später an propagandistischer Bedeutung.

Eberls Standpunkte basieren auf einem „großdeutschen" Staatsbegriff, eine nationalstaatliche Nuancierung, wie sie bei der Südtirol-Frage möglich gewesen wäre, wird nicht vorgenommen. Überhaupt konnte die NSDAP unter Österreichs Studenten eine große Anhängerschaft gewinnen. Während 1933 in Deutschland 1,2 Prozent der NS-Parteigenossen Studenten waren, machte die Quote in Österreich zwischen 1926 und 1933 sogar 3,3 Prozent aus. Bei den Burschenschaften betrug der Anteil an Parteigenossen 77,2 Prozent.[22] Über den Gewinn der AStA-Wahlen konnte sich die DSt (und mit ihr Eberl, der als Vertreter des NSDStB in die Studentenkammer gewählt wurde) jedoch nicht lange freuen. Anfang Mai 1933 reagierte die Vereinsbehörde des Landes Tirol und löste die DSt Innsbruck auf, wenig später wurden die NSDAP und die ihr zugehörenden Organisationen in Österreich verboten. Eberl gehörte *„dem Motorsturm I und anschliessend dem SA-Sturm 14 an"*[23], wie seinem Lebenslauf zu entnehmen ist.

Als Student konnte Irmfried mit Bruder Harald nicht mithalten. Er schloss einige Prüfungen negativ ab und musste diese wiederholen, sein erstes Rigorosum endete nur mit „Genügend". Dennoch beendete er 1935 erfolgreich sein Studium und durfte sich fortan Dr. med. nennen.[24] Auch in den Kreisen der „Germania" trat er als unauffällige Person kaum in Erscheinung. Ein ehemaliger Verbindungsbruder erinnert sich an Eberl als

„stilles Wasser". Er sei ehrgeizig und ernsthaft gewesen, habe jede Heiterkeit vermissen lassen und zudem versucht, Hitler in puncto Mimik und Oberlippenbart nachzuahmen. Eberl sei ein überzeugter Nationalsozialist gewesen, sein introvertiertes Wesen habe einen näheren Kontakt erschwert.[25]

Ein weiteres repräsentatives Beispiel für die ideologische Fixierung Eberls ist ein Gedicht aus seiner Feder, das als eine Art Persiflage aufzufassen ist:

„Der Heiden Vaterunser!

Heiliger Vater in Rom,
gleichgültig sei uns Dein Name,
Dein Reich wollen wir zerstören
Und Deinen Willen vereiteln,
Unsere Freimaurer holen wir uns heute,
und wir vergeben keine Nachsicht mit diesen Brüdern,
so wenig, wie sie uns vergeben.
Führt die Kameraden dazu nicht in Versuchung,
sondern erlöst sie von den Juden und Pfaffen,
dann steht unser Reich und unsere Kraft
in Ewigkeit!
Basta!"[26]

Diese nicht besonders subtile Satire auf das christliche „Vaterunser" betont einmal mehr die geläufigen Angriffspunkte. Der bekennende „Heide" verteufelt den Glauben, verflucht Kirche, Papst sowie Priester und ersetzt das „Amen" durch ein „Basta". Natürlich dürfen im Kanon der Feindbilder Juden und Freimaurer nicht fehlen. Ganz schwört Eberl dem Glauben allerdings nicht ab – die Partei ist seine Religion geworden, sein Gott heißt Adolf Hitler. Dessen Reich sollte das wahre Reich sein, mit dem Anspruch auf ewigen Bestand.

Von Februar bis Mai 1935 arbeitete Eberl an der zweiten medizinischen Abteilung der Krankenanstalt „Rudolfstiftung" in Wien (er erhielt eine vorläufige Arbeitsgenehmigung als Aspirant), im Anschluss daran wurde er der Lungenheilanstalt Grimmenstein (Niederösterreich) zugewiesen, wo er bis 8. März 1936 tätig war. Nun lernte Eberl die Schattenseiten seiner NS-Nähe kennen. Sein Ansuchen um eine Verlängerung der Anstellung in Wien stieß im ständestaatlichen Österreich auf taube Ohren. Am 26. August 1935 erhielt er die Nachricht, dass die *„Zulassung als unbezahlter Hospitant in den Wiener Fonds-Krankenanstalten mit Rücksicht auf Ihre politische Belastung nicht statthaft"*[27] sei. *„Mit Rücksicht auf das Gutachten der Vaterländischen Front Bregenz, das Ihnen nationalsozialistische Gesinnung und Betätigung vorwirft, dürfte eine Berufung gegen die ministerielle Entscheidung zwecklos sein. ... Die V. F. erhob diesmal wegen der angeblich bekannten nationalsozialistischen Gesinnung Ihrer Familie und Ihrer Person entschiedenen Einspruch gegen eine staatliche Anstellung als Spitalsarzt"*, heißt es in dem Schreiben weiter.

1936 übersiedelte er nach Deutschland. Abgesehen davon, dass ihm vom österreichischen Staat die Anstellung verweigert wurde, gibt es keinerlei Anzeichen dafür, in Eberl einen politisch Verfolgten zu sehen. Dennoch gelang es ihm, einen vom Hilfswerk für Flüchtlinge und Hinterbliebene der NSDAP ausgestellten Ausweis zu erhalten, der ihn als politischen Flüchtling klassifizierte (Ausweis-Nummer: 13.943).[28]

IV. Als „Flüchtling" nach Deutschland: beruflicher und privater Neuanfang

Der Wechsel ins „Reich" sollte Eberls Leben auf den Kopf stellen, beruflich und privat kam es zu ungeahnten Veränderungen und Entwicklungen. Zunächst war er am Deutschen Hygienemuseum beschäftigt, allerdings nur den gesamten April 1936. Von 1933 an wurden dort zahlreiche Ausstellungen organisiert, um die NS-Rassenideologie zu propagieren. Zur selben Zeit war er auch in der Poliklinik in Dresden-Neustadt tätig. Vom 1. Mai 1936 bis zum 31. März 1937 leitete er hauptamtlich die Abteilung für Volksgesundheit des Amtes für Volkswohlfahrt in Dessau (Gau Magdeburg-Anhalt). Danach hospitierte er am Krankenhaus Dessau („Städtische Krankenanstalten Dessau"), das wegen unzureichender Geldmittel einen schlechten Ruf hatte, und arbeitete dort auf der Tuberkulose-Station.[29] Im Sommer 1937 arbeitete er als vertretender Assistenzarzt am Sanatorium Birkenhaag in Berlin-Lichtenrade. Seine nächste Station war das Hauptgesundheitsamt der Stadt Berlin, wo er im Oktober 1937 als wissenschaftlicher Mitarbeiter tätig wurde.

Seit 1933 war Eberl mit Emmy Begus, einer medizinisch-technischen Angestellten an der Innsbrucker Uni-Klinik liiert, 1936 äußerte er von Dessau aus *„bestimmte Heiratsabsichten"*[30]. Die potenziellen Schwiegereltern konnten sich mit diesem Gedanken nicht anfreunden, machten *„ernsthafte Einwendungen gegen eine Heirat"*[31]. 1937 verdichteten sich Eberls Zweifel an einer Hochzeit, auch weil er eine neue Frau kennen lernte. Nach einem letzten Besuch Emmys in Berlin zog er am 14. Oktober 1937 brieflich einen Schlussstrich, persönlich brachte er nicht den Mut auf, sie vor vollendete Tatsachen zu stellen.

„Liebe Emmy!

Seit Deinem Besuch in Berlin bin ich ganz energisch mit mir ins Gericht gegangen, da mir durch Deinen Besuch zum Bewusstsein gekommen war, dass wir uns sehr stark entfremdet haben. Diese Tatsache war auch die Ursache meines langen Schweigens. Ich habe lange mit mir gekämpft und gerungen, ob ich Dir nicht etwa doch diese Enttäuschung ersparen kann. Nunmehr bin ich aber zu dem Schlusse gekommen, dass wir uns bereits soweit von einander entfernt haben, dass ich es nicht mehr verantworten kann, länger zu schweigen. Ich bin heute nicht mehr in der Lage, Dir das Glück zu geben, das Du erwartest und verdienst. Deshalb komme ich jetzt mit der Bitte zu Dir, gib mir das Wort, das ich Dir einst gab, zurück, da ich dieses Wort nicht halten kann. Zu alledem kommt noch hinzu, dass meine Zukunftsaussichten solche sind, dass ich noch Jahre hinaus nicht heiraten kann. Ich kann es daher mit meinem Gewissen nicht vereinbaren, Dich länger mit einem Versprechen an mich zu binden, von dem ich weiss, dass es für Dich nicht das Glück bedeutet, das Du verdienst. Aus diesem Grunde bitte ich Dich nochmals gib mich frei, und ich füge die Bitte hinzu, lass uns in Freundschaft scheiden. Ich werde zeitlebens nie die vielen und schönen Stunden vergessen und Dir immer dankbar sein für alles, was Du für mich getan hast. Ich weiss, dass ich Dir heute mit meinem Brief bitter weh tue, aber es ist so besser für uns beide, ganz besonders für Dich. Du kannst mir glauben, ich habe ehrlich mit mir gerungen und nach Klarheit gesucht und bin erst nach langem inneren Kampfe zu diesem Entschluss gekommen.

Wenn Du ruhiger geworden bist, wirst Du mich – dessen bin ich sicher – verstehen und so wünsche ich Dir von Herzen alles Gute und das Glück, das ich Dir nicht zu geben vermag, das Du aber verdienst. Ich erwarte nun in Ruhe Deine Antwort.

Friedl.“[32]

Eine gewisse Widersprüchlichkeit lässt sich nicht leugnen, die krampfhafte Suche nach Argumenten für die Trennung ist offensichtlich. Entfremdung, pessimistische Zukunftsaussichten, das Glück, das er nicht bieten konnte: waren das die wirklichen Motive? Den heroischen Kampf gegen die traurige Gewissheit des Beziehungsendes nahm ihm Emmy Begus nicht ab. Ihre Antwort am 23. Oktober 1937 fiel knapp, aber eindeutig aus:

„*Irmfried!*

Nach allem gebe ich Dich selbstverständlich frei und wünsche Dir, daß Dein Glück, das Du ja gefunden zu haben scheinst, reiner ist als das meine schien!

Emmy"[33]

Demnach vermutete Emmy Begus zumindest, dass Eberl bereits sein „Glück" in Form einer anderen Frau gefunden hatte. Auf das Heiratsversprechen legte sie verständlicherweise keinen Wert mehr.
Im Anschluss folgte ein monatelanger Briefverkehr zwischen Eberl und Emmys Bruder Dr. Richard Begus, der ebenfalls in Berlin lebte und ihre Interessen vertrat. Im Mittelpunkt stand die Ablöse von Möbeln im Wert von 1034 Schilling. Die Eltern Begus hatten diese im Zuge der Verlobung angeschafft. 1937 kaufte die Lieferfirma die nicht mehr benötigten Möbel zurück und überließ der Familie einen „Möbelgutschein" über denselben Betrag. Der zu jener Zeit finanzschwache Eberl sollte die Summe aufbringen und den Gutschein erhalten, so der Wunsch der Familie. Das Geld für das Geschäft hätte Eberl von der neuen Frau an seiner Seite, Ruth Rehm, erhalten. Am 3. Februar 1938 erging ein Brief Irmfrieds an seinen rechtskundigen Bruder Harald, den er „*um Rat fragen*" wollte. Irmfried befürchtete rechtliche Schritte seitens der Familie Begus.

„Lieber Harald!

...

Da, wie Du aus dem Schreiben des Dr. Begus ersiehst, er mir zwischen den Zeilen mit seinen Rechtsanwälten droht, haben Ruth und ich uns entschlossen, Dir die ganze Sache zu unterbreiten und Dich um Rat zu fragen.

...

Mit Schreiben vom 14. 10. 1937 habe ich von Berlin aus an Emmy geschrieben und Sie gebeten, mir mein Wort zurückzugeben. Als Grund zur Auflösung der Verlobung habe ich Entfremdung und schlechte Zukunftsaussichten angegeben.

...

Da Ruth und ich in absehbarer Zeit zu heiraten beabsichtigen, hat sich Ruth, um einen Verlust zu vermeiden, dazu bereit erklärt, in Höhe der von Fam. Begus geforderten Summe Möbel – wahrscheinlich sogar ein Schlafzimmer – von der Innsbrucker Firma abzunehmen.

...

Du kannst mir glauben, lieber Harald, dass ich Dich nicht gerne mit dieser Angelegenheit behellige, ich möchte jedoch jetzt nicht rechtlich falsch handeln, da doch immerhin eine beachtliche Summe, die nicht ich, sondern Ruth aufbringt, auf dem Spiele steht."[34]

Interessant ist, dass Eberl von einer bevorstehenden Heirat spricht. Keine vier Monate davor hatte er Emmy erklärt, auf *„Jahre hinaus nicht heiraten"* zu können. Haralds Antwort lautete: *„Wenn du nobel sein willst, und das hielte ich für das Richtige, würde ich einen Betrag, der dem tatsächlichen Schaden entspricht, anbieten"*[35].

Eberls rechtliche Paranoia war unbegründet (er glaubte, der Familie Begus sei es nicht um das Materielle gegangen, sie habe ihm *„vielmehr Schwierigkeiten bereiten"*[36] wollen). Am Ende verzichtete die Familie gänzlich auf jede Forderung, und das, obwohl ihm auch Emmy einige Male finanziell unter die Arme gegriffen hatte. Am 9. Mai 1938 schrieb sie ihm:

„Irmfried!

Seit langem liegt Dein Brief vom 9. 3. 1938 an meinen Bruder bei mir und ich hätte ihn eigentlich schon längst beantworten sollen, doch hatte ich nach der Art des Briefes nicht die Kraft Dir sogleich ruhig und sachlich zu schreiben.

...
Daß du nun die Stirne besitzt und die Sache so drehst als ob das von mir eine Forderung im Sinne einer Abfertigung wäre, ist gerade von Dir sehr stark und beleuchtet den wahren Charakter so recht. Hast du mich in diesen vielen Jahren so wenig kennen gelernt, daß du mir so etwas zumuten kannst? Ich weiß, daß es nach dem Gesetz möglich wäre eine Abfertigung zu verlangen, ja noch mehr Irmfried – es hat Dinge gegeben von denen schließlich nur Du und ich wissen. Ich für meinen Teil stehe auf dem Standpunkt, daß derlei Dinge mit Geld nicht aufgewogen werden können, wenngleich ich einsehen musste, daß ich mit dem Menschen Irmfried nichts verloren habe, nur die Zeit und den Glauben an die Wahrheit im Leben, habe ich verloren und das würde die größte Summe Geldes nicht wiederbringen können. Und sei ehrlich – ich hätte die Berechtigung gehabt wenigstens das Dir gegebene Geld zurückzufordern. Ich bin mir aber wahrlich zu gut und würde's als deutsche Frau nicht ertragen können, wüsste ich jemanden der sagen könnte, die ist abgefertigt worden.
Ich erkläre Dir hiermit, daß ich auf die Ablöse der Möbel verzichte und Dir erkläre, daß Du meinerseits nie etwas zu befürchten hast.

...
Ich möchte Dir aber zum Schluß noch einen Rat geben und den kannst Du von mir wirklich ertragen – sei bei ähnlichen Situationen ehrlicher und nicht so feige und sage es dem zweiten Teil ins Gesicht – nicht kneifen das macht so und anderswo – einen schlechten Eindruck und gibt Dir zeitlebens einen Stempel zumal, wenn man immer behauptet hat, daß man bereit ist offen einzutreten.

Ich betone, daß dieser Brief meinerseits als eine Angelegenheit nur zwischen uns behandelt wird, doch sollte Dir etwas nicht zusagen, bin ich gerne bereit den Wahrheitsbeweis anzutreten."[37]

Es war die Antwort einer stolzen Frau, der Prinzipien über den finanziellen Interessen standen. Aus ihrer Enttäuschung machte sie keinen Hehl, Eberl warf sie Charakterschwäche und fehlende Redlichkeit vor. Seine endgültige Antwort formulierte er am 14. Juni 1938, neun Tage vor seiner Hochzeit mit Ruth:

„*Liebe Emmy!*

Leider komme ich erst heute dazu, Deinen Brief vom 9. 5. 38 mit Deiner Verzichtserklärung zu beantworten. Eine Beantwortung Deines Briefes ist nötig, weil er mir beweist, dass Du noch nicht mit der leider in solchen Fällen notwendigen Sachlichkeit über den Dingen stehst. Da Du Dich hierzu durchringen musst, – ich habe dies ja auch in schweren inneren Kämpfen tun müssen – möchte ich Dir Folgendes vor Augen führen:

Von einer "Abfertigung" Dir gegenüber oder Deiner Person war meinerseits nie die Rede in meinen Schreiben, ich habe vielmehr nur Deinem Bruder gegenüber auf seine Forderung hin von der "Wiedergutmachung eines Schadens" rein sachlich gesprochen, wie das juristisch üblich ist, da ja die persönlichen Dinge zwischen uns bereits erledigt waren.

...

Meine Forderung nach Unterlagen für eine etwaige Ablösung der Möbel ist und war nicht so unbegründet, wie Du annimmst, denn es ist Dir genau bekannt, dass ich die geforderte Summe nicht besitze und daher gezwungen gewesen wäre, diese aufzunehmen. Mein Geldgeber forderte von mir als Sicherheit, die von mir angegebenen genauen Unterlagen.

Deinen Vorwurf der Unehrlichkeit und Unwahrhaftigkeit in unseren persönlichen Dingen weise ich restlos zurück. Ich bitte Dich daraufhin mein Schreiben vom 14. 10. 37 anzusehen, in dem ich Dir wohl offen genug gegenüber getreten bin.

Heil Hitler!

Irmfried"[38]

Dass der Vorwurf der Feigheit einem überzeugten Nationalsozialisten nicht schmeichelte, ist verständlich – er wies diese Vorhaltungen entschieden zurück. Eberl sprach seinerseits Begus die notwendige Sachlichkeit ab, brachte kein Verständnis für die emotionale Lage auf, in der sich seine ehemalige Freundin befand. Dennoch war er erneut unaufrichtig: Die Forderung des sogenannten „*Geldgebers*" (seiner zukünftigen Gattin) nach den Unterlagen war nicht das Motiv, diese zu verlangen. Grund dafür war vielmehr, dass Eberl sich juristisch gegen zukünftige Ansprüche absichern wollte. Mit Emmys Brief vom 17. Juni 1938 riss die Kommunikation der beiden ab. Darin erneuerte und erweiterte sie die Vorwürfe – Eberl habe sie trotz schwerer Krankheit seelisch verletzt und sich nicht um sie gekümmert. Außerdem stellte sie klar, dass sie nicht einmal Treue von ihm verlangt hätte. Dennoch wollte Emmy weiterhin brieflichen Kontakt und sich im Guten von Irmfried trennen:

„Mein Besuch bei Dir in Berlin hat mir doch in aller Klarheit gezeigt, dass ich Dir nichts mehr bin und ich habe Dir einige male indirekt die Frage gestellt ... Irmfried, Du hast es immer vermieden mir ins Gesicht die Wahrheit zu sagen, obwohl wir in all den Jahren, immer sagten, dass wenn einmal etwas kommt, wir uns aussprechen und ehrlich zueinander sein wollen und wie sagtest Du einmal in Wien – nicht das Trennende das Verbindende solle man suchen?

Ich war bei meiner Rückkehr nach hier vollkommen allein, noch dazu wirklich sehr schwer erkrankt – Du wußtest davon – ja wenn ich einen Menschen auch nur etwas lieb gehabt habe, dann wäre ich nicht fähig gewesen, in einer solchen Stunde ihm seelisch so viel Schmerz zuzufügen.
...
Und weiter – weiss ich den Grund? nein – habe ich Dir jemals bezüglich Deiner Freiheit Vorschriften gemacht? Glaubst Du, ich habe mir eingebildet ein junger Mann könne jahrelang ohne Frau leben? Ich war mir dessen immer bewusst.
...
denke ja nicht, daß ich Dir vorjammern wollte nein, aber mit Dir will ich nicht im Unfrieden leben – magst nicht, dass wir uns Freunde bleiben – willst mir nicht einmal schreiben wie es Dir geht und ob Du endlich glücklich bist?
...
Mit vielen Wünschen für Deine Zukunft

Emmy"[39]

Seine neue Liebe Ruth Rehm entpuppte sich als glühende Verehrerin des Nationalsozialismus. Rehm wurde am 29. Dezember 1907 in Ulm geboren, war also knapp drei Jahre älter als Irmfried. Ihre Eltern waren der Kaufmann Friedrich Rehm und Clara Rehm, geborene Reich (beide Jahrgang 1873). Ab 1914 besuchte sie erst das Lyzeum in Erfurt, ab 1923 in Magdeburg, wo sie 1925 die höhere Handelsschule abschloss und anschließend eine praktische Ausbildung in Kochen, Nähen und Hauswirtschaft erhielt (bis 1927). Von Oktober 1927 bis März 1928 arbeitete sie als fremdsprachliche Stenotypistin in der Direktion der Magdeburger Feuerversicherungsgesellschaft. *„Zwecks Vervollkommnung der hauswirtschaftlichen Kenntnisse"*[40] gab sie diesen Posten auf und engagierte sich im elterlichen Haushalt sowie bei süddeutschen Verwandten bis 1931. Danach absolvierte sie eine Ausbildung zur „wissenschaftlichen Graphologin" in Berlin und Tübingen. 1932 schloss sie das entsprechende Examen ab und machte sich als Graphologin selbständig. Der Partei trat sie am 1. November 1932 bei (Mitglieds-Nummer: 1.324.799), also noch vor Hitlers Machtübernahme in Deutschland. Ende 1933 begann sie ihre Ämterlaufbahn bei der Deutschen Arbeitsfront (DAF): erst war sie ab Oktober 1933 Bezirksfrauenreferentin der Reichsbetriebsgemeinschaft „Nahrung und Genuss" (Magdeburg), ab 1934 zunächst Bezirksfrauenwalterin der DAF (Erfurt) und dann Gaufrauenwalterin für Thüringen (Weimar). 1936 kündigte sie den Posten, um im elterlichen Haushalt auszuhelfen, wurde jedoch bald darauf ins DAF-Frauenamt nach Berlin berufen, wo sie ab August 1936 als Unterabteilungsleiterin der DAF-Auslandsorganisation fungierte. Damit zählte sie zum Stab von Reichsfrauenführerin Gertrud Scholtz-Klink. Es ist nicht schwer zu folgern, dass Ruth Rehm über gute Kontakte bis in die NS-Führungsetagen verfügte.

Von Anfang an unterstützte sie ihren zukünftigen Mann bei der Suche nach einem einträglichen Posten – sogar schon vor der Beziehung. Am 10. Jänner 1938 schrieb sie an Dr. Friedrich Bartels, Amtsleiter im Amt für Volksgesundheit der DAF:

„*Sehr geehrter Parteigenosse Dr. Bartels!*

Es ist mir nicht bekannt, ob Sie sich noch an unser Gespräch auf dem Plattnersberg in Nürnberg erinnern, wo ich Sie über die Möglichkeiten der Erlangung einer Betriebsarztstelle für einen Bekannten befragte. Sie haben mir damals liebenswürdigerweise erlaubt, mich gegebenenfalls an Sie zu wenden. Von dieser Erlaubnis möchte ich nunmehr Gebrauch machen, da dieser Bekannte, um den es sich damals handelte, inzwischen mein Verlobter geworden ist. Ich habe schon seit einigen Wochen versucht, Sie hier in Berlin zu erreichen, um Ihnen die Angelegenheit persönlich vortragen zu können, da es sich – horribile dictu – um einen Österreicher handelt, und ich damals Ihre Einstellung zu dem Problem der im Reich arbeitenden Österreicher kennengelernt habe. Ich habe aus diesem Grunde auch längere Zeit gezögert, mich an Sie zu wenden, glaube aber doch, dass Sie im Einzelfalle nach einer strengen Prüfung der Sachlage die Tatsache, dass es sich um einen Österreicher handelt, nicht als ein unüberwindliches Hindernis ansehen werden."[41]

Im Anschluss lobt sie die Parteitreue von Irmfried sowie seiner gesamten Familie. Dieses Engagement sollte eine Anstellung rechtfertigen, so Rehm, die anschließend ihre eigentliche Bitte vorbringt:

„Mein Verlobter möchte sich nunmehr der Betriebsarztlaufbahn zuwenden, da ihm die Verbindung von ärztlicher Tätigkeit und Sozialarbeit am meisten liegt, und er glaubt, auf diesem Gebiet seine Fähigkeiten am besten zum Ansatz bringen zu können. Er hat bereits mit mehreren Betrieben Verbindung aufgenommen, darunter auch mit den Dornierwerken in Friedrichshafen ... Die Befürwortung der Einstellung in Friedrichshafen würde mich deshalb Ihnen gegenüber zu besonderem Dank verpflichten, weil mein Verlobter aus dem österreichischen Teil des Bodenseegebietes stammt und so in seiner engsten Heimat arbeiten könnte, und ich aus einer alten württembergischen Familie stamme, und es für mich nach meiner nun mehr als 4 jährigen hauptamtlichen politischen Tätigkeit in Mittel- und Norddeutschland eine grosse Freude bedeuten würde, mein Heim in meiner schwäbischen Heimat aufbauen zu können."[42]

Den Plan, nach Süddeutschland oder Vorarlberg zu ziehen, gibt das Paar bald auf. Angesichts seiner späteren Tätigkeiten als „Euthanasie"-Arzt und Kommandant eines Vernichtungslagers erscheint es aber in jedem Fall mehr als zynisch, wenn Rehm die *„Verbindung von ärztlicher Tätigkeit und Sozialarbeit"* als besonderen Vorzug ihres Irmfrieds hervorhebt. Am 23. Juni 1938 heirateten Ruth und Irmfried in Bregenz, wo sie sich bis Anfang

Juli aufhielten. Am 4. Juli 1938 trat Eberl eine Jungarztstelle im Amt für Volksgesundheit in Großrodensleben (bei Magdeburg) an. Seine Stelle in Berlin kündigte er nicht, er hatte sich lediglich beurlauben lassen. Anfang September wurde Eberl ein Ultimatum gestellt – von niemand Geringerem als Reichsärzteführer Dr. Leonardo Conti.

„*Da sich hier die Arbeit häuft und wir auf die Mitarbeit eines wissenschaftlichen Mitgliedes nicht verzichten können, bitten wir Sie, Ihren Dienst hier sofort wieder aufzunehmen oder uns umgehend mitzuteilen, dass Sie auf die Besetzung der Stelle nicht mehr Wert legen.*"[43]

Eberl folgte dem Ruf, kehrte noch im September zurück. Am 1. Oktober bezogen er und seine Gattin eine Wohnung in Berlin-Schöneberg – ironischerweise in der Innsbrucker Straße, die Erinnerungen an seinen Studienort und die ehemalige Verlobte weckt. Kurz darauf bekam er offiziell bescheinigt, „*dass er zur Erfüllung einer wichtigen staatspolitischen Aufgabe benötigt und hierfür besonders verpflichtet wurde.*"[44]

V. Mörderischer Karrieresprung: Direktor der „Euthanasie"-Anstalt Brandenburg

Wer nicht ins arische Gesamtbild der Nationalsozialisten passte, wurde ausgegrenzt, ausgebeutet oder gar vernichtet. Zu den Opfern gehörten Juden, Zigeuner, Alte, Kranke und Andersdenkende. Schon Anfang der 20er Jahre kursierten Theorien über „Rassenhygiene". Sie basierten auf einem gründlichen Missverständnis von Darwins Theorie der natürlichen Auslese. Dennoch passte der von prominenten Wissenschaftlern vertretene Slogan „Vernichtung lebensunwerten Lebens" hervorragend in ein Umfeld völkischer Ideen. Körperlich, rassisch oder sozial „Minderwertige" würden der Volksgemeinschaft zur Last fallen, weil sie Geld kosteten und im Falle der Fortpflanzung die Erbanlagen einer zukünftigen Generation schädigten. In der Schrift „Die Freigabe der Vernichtung lebensunwerten Lebens" von Karl Binding (Jurist und Philosoph) und Alfred Hoche (Mediziner) steht, es sei *„eine peinliche Vorstellung, daß ganze Generationen von Pflegern neben diesen leeren Menschenhüllen dahinaltern"*[45].

Der katholische Moraltheologe Dr. Joseph Mayer schrieb 1927 in seinem Buch „Gesetzliche Unfruchtbarmachung Geisteskranker":

„Die Minderwertigen vermehren sich quantitativ viel schneller als die Tüchtigen ... Man hat ausgerechnet: falls am Ende des völkermordenden Dreißigjährigen Krieges genau soviel Neger nach Deutschland verpflanzt worden wären, als Weiße da waren, und die beiden Rassen hätten sich in Deutschland mit ihresgleichen verheiratet, also die weißen Männer mit weißen Frauen, die schwarzen Männer mit schwarzen Frauen, so aber, daß die Neger günstigere Ehebedingungen gehabt hätten als die Deutschen: angenommen etwa, die Neger hätten mit 25 Lebensjahren geheiratet und hätten je 4 Kinder hinterlassen, die Weißen aber hätten erst mit 33 Lebensjahren heiraten können und hätten je 3 Kinder hinterlassen, dann würden jetzt nach dreihundert Jahren unter 1000 Bewohnern des deutschen Bodens

nur noch 9 Weiße sein, alle 991 andern wären Neger. Man denke sich an Stelle der Neger Anormale ... Das quantitative Anwachsen der Minderwertigen ist also eine Gefahr. Fast noch tragischer ist der Gedanke an die qualitative erbliche Entartung der zivilisierten Völker."[46]

Er kam zu folgendem Schluss: *"Die minderwertige Nachkommenschaft Geisteskranker könnte für manchen Staat eine Gefahr bedeuten. In diesem Fall muß dem Staate grundsätzlich das Recht eingeräumt werden, zu seinem Schutz die Zeugung geisteskranker und verbrecherischer Kinder zu verhindern, im Notfall sogar mit Gewaltmaßnahmen."*[47] Mit dem „Gesetz zur Verhütung erbkranken Nachwuchses" setzten die Nazis im Juli 1933 diesen Schritt, indem sie die Zwangssterilisation von „Erbkranken" einführten.

Seit 1938 wurde unter dem Vorwand der „Sterbehilfe" die sogenannte „Euthanasie" in NSDAP-Führungskreisen ernsthaft diskutiert. Dafür zuständig wurde die Kanzlei des Führers (KdF), die dem Reichsleiter Philipp Bouhler unterstand. Im Speziellen betroffen: das Hauptamt II, geleitet von Viktor Brack, dessen Stellvertreter Werner Blankenburg war. Ebenfalls in die Planung einbezogen war die Abteilung IV („Gesundheitswesen und Volkspflege") des Reichsinnenministeriums unter Leiter Dr. Leonardo Conti.

Am Beginn aber stand die „Kinder-Euthanasie", die in die Zuständigkeit des Amtes IIb der KdF fiel. Geleitet wurde es nicht etwa von einem Mediziner, sondern von einem diplomierten Landwirt namens Dr. Hans Hefelmann. In einem Runderlass vom August 1938 wurden Ärzte und Hebammen angewiesen, *"Missbildungen jeder Art"* bei Neugeborenen und Kindern, die das dritte Lebensjahr noch nicht vollendet hatten, zu melden. Die Meldungen sollten an den neu gegründeten „Reichsausschuß zur wissenschaftlichen Erfassung von erb- und anlagebedingten schweren Leiden" (kurz: „Reichsausschuß") gehen, in Wahrheit eine Tarngesellschaft. Faktisch landeten sie auf dem Schreibtisch von Hefelmann, der sie an die drei

Gutachter Werner Catel, Hans Heinze und Ernst Wentzler weitergab. Diese entschieden dann, ohne die Kinder je untersucht zu haben, über Leben und Tod. Obwohl die Kinder ursprünglich in speziell eingerichteten „Kinderfachabteilungen" sterben sollten, wurden die meisten in denselben Anstalten umgebracht, in denen auch Erwachsene getötet wurden.

Im Herbst 1939 war die „Euthanasie" offiziell angelaufen. Hitler beauftragte seinen Begleitarzt Dr. Karl Brandt und Bouhler in einer auf den Tag des Kriegsbeginns, den 1. September 1939, ausgestellten Ermächtigung damit, *„die Befugnisse namentlich zu bestimmender Ärzte so zu erweitern, dass nach menschlichem Ermessen unheilbar Kranken bei kritischster Beurteilung ihres Krankheitszustandes der Gnadentod gewährt werden kann."*[48] Tatsächlich unterschrieb Hitler erst im Oktober, in jedem Fall aber hatte die „Euthanasie" hinsichtlich der Kriegsplanung durchaus Relevanz. Der 1948 hingerichtete Viktor Brack hielt 1946 fest: *„Hitler war der Ansicht, daß durch die Vernichtung dieser sogenannten nutzlosen Esser die Möglichkeit gegeben wäre, weitere Ärzte, Pfleger, Pflegerinnen und anderes Personal, Krankenbetten und andere Einrichtungen für den Gebrauch der Wehrmacht freizumachen."*[49] Seit April 1940 befand sich die Organisationszentrale in der Berliner Tiergartenstraße 4. Die auf dieser Adresse basierende Bezeichnung „Aktion T4" wurde nach dem Krieg zum Synonym für den Massenmord an Behinderten.

Nicht wenige Ärzte ignorierten den hippokratischen Eid, immer auf das Wohl des Patienten bedacht zu sein – darunter Irmfried Eberl: der Mediziner als Mörder, statt als Heiler. An der Seite des einflussreichen Dr. Conti befand sich Eberl im unmittelbaren Zentrum des NS-Machtapparates. Immer stärker wurde er in die skrupellosen rassischen und kriegspolitischen Planungen integriert. Er erwies sich als absolut parteitreu, darüber hinaus als ein Karrierist, der seine Chance zu nutzen wusste. Nach einer kurzen Bedenkzeit, in der er mit seinem Gewissen ins Reine kommen wollte, entschied sich Eberl 1939, beim „Euthanasie"-Programm mitzuwirken.⁵⁰ Vereidigt wurde er von Reichsleiter Martin Bormann. Anfang 1940 hatte der einst Mittellose seine Frau in puncto Einkommen bereits überflügelt; während Ruth 310 Reichsmark im Monat verdiente, waren es bei Irmfried 439,30.⁵¹ Noch höher war sein Nebenverdienst als Betriebsarzt, u. a. für EDEKA. In einer Vernehmung nach dem Krieg gab er an, zusätzlich 600 Reichsmark monatlich erwirtschaftet zu haben.

Im Jänner 1940 fand im ehemaligen Zuchthaus Brandenburg an der Havel die erste Probevergasung (mit Kohlenmonoxyd) statt. Davor wurden von Conti und Brandt Tötungen mit Giftspritzen vorgeführt, die sich als wenig effektiv herausstellten, da die „Patienten" langsam und qualvoll starben. Im direkten Vergleich mit den Injektionen erwies sich der CO-Einsatz als die effizientere Methode. Der Chemiker und Vergasungsfachmann August Becker äußerte als Augenzeuge:

„Es war in der ersten Hälfte des Monats Januar 1940, als ich zur Heilanstalt fuhr. Baulichkeiten der Heilanstalt waren extra für diesen Zweck hergerichtet worden. Ein Raum, ähnlich einem Duschraum und mit Platten ausgelegt, in der Größe von etwa drei mal fünf Meter und drei Meter hoch. Ringsherum standen Bänke und am Boden, etwa 10cm hoch, lief an der Wand entlang ein Wasserleitungsrohr ... In diesem Rohr befanden sich kleine Löcher, aus denen das Kohlenoxydgas strömte. Die Gasflaschen standen außerhalb dieses Raumes und waren bereits an das Zuführungsrohr angeschlossen ... An der Eingangstüre, die ähnlich einer Luftschutztüre konstruiert war, befand sich ein rechteckiges Guckloch, durch das das Verhalten der Delinquenten beobachtet werden konnte.
Die erste Vergasung wurde durch den Dr. Widmann persönlich durchgeführt. Er bediente den Gashebel und regulierte die Gasmenge. Dabei unterrichtete er gleichzeitig den Anstaltsarzt Dr. Eberl und Dr. Baumhard ... Bei dieser ersten Vergasung wurden etwa 18-20 Personen in diesen >Duschraum< geführt vom Pflegepersonal. Diese Männer mußten sich in

einem Vorraum ausziehen, so daß sie vollkommen nackt waren. Die Türe wurde hinter ihnen verschlossen ... Dr. Widmann bediente die Gasanlage, durch das Guckloch konnte ich beobachten, daß nach etwa einer Minute die Menschen umkippten oder auf Bänken lagen. Es haben sich keinerlei Szenen oder Tumulte abgespielt. Nach weiteren fünf Minuten wurde der Raum entlüftet. Besonders dazu bestimmte SS-Leute holten auf Spezialtragbahren die Toten aus dem Raum und brachten sie an die Verbrennungsöfen. Wenn ich sage Spezialtragbahren, dann meine ich die für diesen Zweck eigens konstruierten Tragbahren. Diese konnten vorne direkt auf die Verbrennungsöfen aufgesetzt und mittels einer Vorrichtung konnten die Leichen mechanisch in die Öfen befördert werden, ohne daß die Träger mit der Leiche in Berührung kamen ... Der zweite Versuch und die weiteren Vernichtungsmaßnahmen wurden dann von Dr. Eberl alleine und in eigener Zuständigkeit durchgeführt.

Im Anschluß an diesen gelungenen Versuch sprach Viktor Brack ... einige Worte. Er zeigte sich befriedigt über diesen Versuch und betonte nochmals, daß diese Aktion nur von den Ärzten durchgeführt werden sollte, nach dem Motto, die Spritze gehört in die Hand des Arztes. Anschließend sprach Professor Dr. Brandt und betonte ebenfalls, daß nur Ärzte diese Vergasungen durchführen sollten."[52]

Eberl, der Mann der ersten Stunde. Am 1. Februar 1940 begann für ihn in Brandenburg das Töten als Anstaltsleiter. Zuvor wurde das ehemalige Zuchthaus zur Tötungseinrichtung umgebaut. Die Bauarbeiten leitete Adolf Gustav Kaufmann, der Leiter der T4-Inspektionsabteilung. Nach Fertigstellung der Umbauarbeiten übergab er die Anlage an Irmfried Eberl. Der autoritätshörige Eberl hielt sich genau an die Anweisungen: Im Gegensatz zur üblichen Praxis anderer Anstaltsleiter erlaubte er nur Ärzten, den Gashahn zu bedienen[53], oft tötete der Mediziner eigenhändig. Eberls Stellvertreter in Brandenburg, Aquilin Ullrich, bemerkte dazu: „*Das Gas hat immer ... ein Arzt in den >Duschraum< eingelassen. Dies haben Dr. Eberl* *und ich gemeinsam getan. Dr. Eberl, und das muß gesagt werden, betrachtete dies als eine Verantwortung und hat sich nicht um diese Verantwortung gedrückt."*[54] Das System funktionierte ansonsten dort wie anderswo gleich. Die Kranken wurden oberflächlich untersucht, fotografiert, vergast und anschließend verbrannt. Allerdings fehlten in Brandenburg zunächst noch die Duschköpfe, die den Opfern einen Duschraum vortäuschen sollten. Um sie keinen Verdacht schöpfen zu lassen, erklärte man ihnen, sie kämen in einen therapeutischen Inhalationsraum, wo sie tief einatmen sollten.[55]

Insgesamt gab es sechs große T4-Anstalten, die zwischen Jänner 1940 und Jänner 1941 in Betrieb genommen wurden: Grafeneck, Brandenburg an der Havel, Hartheim bei Linz, Sonnenstein bei Pirna, Bernburg an der Saale und Hadamar. In den Jahren 1940 und 1941 sind in diesen Anstalten laut einer internen T4-Statistik 70.273 Menschen „desinfiziert" worden (so der offizielle Wortlaut).[56] Organisiert wurden die Vernichtungsstätten aus der T4-Zentrale unter dem Namen „Gemeinnützige Stiftung für Anstaltspflege" – lediglich ein Briefkopf, denn eine Stiftung gab es nie. Die Korrespondenz erfolgte außerdem über die weiteren Abteilungen „Reichsarbeitsgemeinschaft Heil- und Pflegeanstalten" (Organisation der Tötungen), „Gemeinnützige Krankentransport GmbH" (Verlegung der Opfer), „Zentralverrechnungsstelle Heil- und Pflegeanstalten (Briefverkehr mit den Kostenträgern). In Wahrheit war die KdF (Hauptamt II) für die Planung und Koordinierung zuständig, was geheim bleiben sollte.

Seit Oktober 1939 wurden – wie bei der Kinder-„Euthanasie" – Meldebögen an Krankenhäuser, psychiatrische Kliniken und Pflegeheime versendet. Erfragt wurden nicht nur die Krankheitsbilder „geisteskranker" Patienten, sondern auch die Dauer des Aufenthalts in der Einrichtung (Meldepflicht ab fünf Jahren) sowie die Deutschblütigkeit. Ein weiteres wichtiges Kriterium war die Arbeitsfähigkeit. Wer in diesem Sinne „brauchbar" war, hatte größere Überlebenschancen – eine weitgehend wirtschaftliche

Entscheidung. Die Meldebögen, die oft von minder geschultem Personal ausgefüllt wurden, kamen manchem verdächtig vor. Dennoch wurden sie fleißig retourniert, nicht selten wurden die Betroffenen von besonders „Euthanasie"-Freundlichen ungünstiger eingestuft, als es ihrem Zustand entsprach.[57] Danach entschieden Gutachter anhand dieser Bögen im Schnellverfahren über das Schicksal der Patienten. Zum Abschluss überprüfte ein „Obergutachter" die Entscheidungen. Im Zweifelsfall entschied Brack (studierter Wirtschaftswissenschaftler), der mit dem Tarnnamen Jennerwein unterzeichnete. Dann trat die Gekrat in Aktion, die Transportlisten erstellte, die Anstaltsleiter informierte und die Opfer von dort in die Tötungszentren brachte. Die Angehörigen durften erst nach der Verlegung informiert werden.

Da die Aktion der strengen Geheimhaltung unterlag, mussten die Tötungen verschleiert werden. So versuchte man, glaubwürdige natürliche Todesursachen an die Stelle der Morde treten zu lassen. In diesem Bereich spielte Dr. Eberl erneut eine Schlüsselrolle. Er verfasste ein Kompendium mit 61 diesbezüglichen Muster-Gutachten. Nachfolgend beispielhafte Auszüge:

„Grundkrankheit: *Todesursache:*
Herzschlag

...

Zusammenfassung:
Luetiker und alte Leute sind immer kreislaufgefährdet und können daher plötzlich ohne vorherige Erscheinungen einem Herzschlag erliegen. Diese Diagnose eignet sich ganz besonders bei alten Leuten, da Herzschlag immer als glaubwürdige Todesursache anerkannt wird und andererseits es hinlänglich bekannt ist, daß die Patienten bei einem Herzschlag wenig leiden müssen."[58]

„Grundkrankheit: *Todesursache:*
Altersschwäche   *Herzmuskelschwäche*

...

Zusammenfassung:
Diese Todesursache kann bei allen Leuten jenseits des 50. Lebensjahres, die bereits Zeichen von Altersschwäche zeigen, verwandt werden. Besonders günstig ist es, wenn die betreffenden Patienten irgendwelche Erscheinungen des Herzens bereits vordem gezeigt haben, da dann die Herzmuskelschwäche besonders glaubwürdig erscheint."[59]

„Grundkrankheit: *Todesursache:*
Typhus   *Herzmuskelschwäche*

...

Zusammenfassung:
Der Tod durch Typhus ist häufig durch eine Herzmuskel- oder Kreislaufschwäche bedingt. Aus diesem Grunde ist die Wahl dieser Todesursache gerechtfertigt und kann in jedem Falle nach Belieben angewandt werden. Da doch in Anstalten infolge der hygienischen Verhältnisse infektiöse Erkrankungen dieser Art eigentlich nicht auftreten sollten, empfiehlt es sich, die Wahl von Infektionskrankheiten nur in besonderen Fällen zu treffen, z. B. bei Geschwistern und dergl. Wenn auch diese Todesursache in jedem Falle ohne Ausnahme gewählt werden kann, so empfehlen sich doch aufgrund der obigen Ausführungen Einschränkungen."[60]

„Grundkrankheit: *Todesursache:*
Epileptischer Anfall   *schwere Gehirnerschütterung*

...

Zusammenfassung:

Diese Todesursache wird zweckmässigerweise nicht gewählt, da ein Unfall im epil. Anfall den Schluß nicht auszuschliessen vermag, daß der Unfall bei sorgfältiger Pflege hätte vermieden werden können. Es kann zwar vorkommen, daß ein Epileptiker plötzlich ohne Vorboten wie vom Blitz getroffen in einem Anfall zusammenstürzt, doch sind diese Fälle verhältnismässig selten. Die meisten Patienten sind wenigstens in der Lage, beim Auftreten von Anfällen sich hinzusetzen oder hinzulegen, so daß ein Unfall vielfach ausgeschlossen ist. Ausserdem befinden sich unsere Patienten auf der Isolierstation, also meist im Bett, so daß ein Unfall eigentlich nicht auftreten kann. Aus diesem Grunde ist die Wahl dieser Todesursache abzulehnen."[61]

Auf die Täuschung der Opfer und Angehörigen legte Eberl besonderen Wert. Mit dem Anstaltsleiter von Hartheim, Dr. Rudolf Lonauer, und dessen Stellvertreter, Dr. Georg Renno, korrespondierte Eberl. In professioneller und spitzfindiger Manier beanstandete er die Wahl einer unglaubwürdigen Todesursache:

„Betr.: Das Schreiben des Herrn Dr. Renno in Ihrem Auftrage vom 1. 7. 1940

Sehr geehrter Herr Kollege Dr. Lonauer!

Mit dem Schreiben Ihres Ass.-Arztes, Herrn Dr. Renno, und den darin geäußerten Gedankengängen hinsichtlich der Wahl der Todesursache Lungen-Tbc. kann ich mich nicht einverstanden erklären. Die zu wählenden Todesursachen werden nach folgenden Gesichtspunkten bestimmt:

1) die Erkrankung muß erfahrungsgemäß in einem kurzen Zeitraum (längstens 14 Tage) zum Tode führen, es sei denn, daß auf Grund der

Krankengeschichte die Erkrankung schon längere Zeit bestanden und daher durch eine plötzliche Verschlechterung zum Tode führen kann.
2) *Die Erkrankung darf mit Ausnahme der bereits vorher beobachteten Erscheinungen, z. B. einer bestehenden Lungentuberkulose, vorher keine Erscheinungen gemacht haben.*
3) *Es dürfen sich an die aktenmäßige und sachliche Bearbeitung keinerlei Dinge knüpfen, die auf Grund gesetzlicher Vorschriften gegeben sind, z. B. Meldungen an das Gesundheitsamt oder seuchenpolizeiliche Vorschriften wie Sperrung der Anstalt und dergl. mehr."*[62]

Im selben Brief behandelte Eberl auch die Ernährungssituation der Patienten. Da diese ohnehin getötet wurden, war die Versorgung mit Nahrungsmitteln denkbar schlecht. Auch hier müsse Gerüchten Vorschub geleistet werden, so Eberl.

„Ich halte den Vergleich mit dem letzten Kriege für durchaus gefährlich, da es allgemein bekannt ist, daß die Ernährungslage im vergangenen Kriege, besonders von 1916 ab, in keinem Vergleich zu der Ernährungslage des jetzigen Krieges steht und daher Erklärungen in dieser Richtung wenig glaubwürdig erscheinen ... Außerdem halte ich Hinweise auf die Ernährungslage auch im politischen Sinne für bedenklich, da es allgemein bekannt ist, daß Krankenhäuser oder krankenhausähnliche Anstalten, wie die Heil- und Pflegeanstalten, bei der Zuteilung von Lebensmitteln so gestellt sind, daß eine Unterernährung überhaupt nicht möglich ist. Es wäre also in diesem Falle eine Unterernährung nur dann möglich, wenn man dem Patienten absichtlich weniger zu essen gibt, und das sind ja gerade Tatsachen, die wir unbedingt vermeiden wollen und auch den Anschein vermeiden müssen."[63]

Zuletzt forderte Eberl die Anstaltsleitung nochmals eindringlich auf, in Zukunft gründlicher und vorsichtiger zu sein, da bei Erhärtung der Verdachtsmomente mit zunehmendem Widerstand der Angehörigen zu rechnen sei. Er konnte bereits auf Erfahrungswerte verweisen.

"Akut wurde die ganze Frage dadurch, daß wir von verschiedenen Angehörigen Post bekamen, worin sie uns mitteilten, daß sie den Angehörigen kurz vor dem Abtransport in der alten Anstalt besucht und dort bei guter Gesundheit angetroffen hätten und daß sie sich jetzt mit der alten Anstalt in Verbindung gesetzt hätten und dieser die Todesursache Lungentuberkulose unverständlich sei. Es ist in solchen Fällen natürlich dann sehr schwer, das Mißtrauen solcher Angehöriger stichhaltig zu zerstreuen, da ja die Ärzte der früheren Anstalt auch gerade keine Dummköpfe sind und schließlich auch in der Lage sind, eine akute Lungentuberkulose zu diagnostizieren und sie schon aus dem Grunde die Angehörigen nicht nur nicht beruhigen, sondern im Gegenteil sogar noch weiter aufregen werden, weil sie ja befürchten müssen, daß ihnen dann der Vorwurf gemacht wird, sie hätten in der Pflege des Kranken irgend etwas versäumt.
Zusammenfassend möchte ich nun feststellen, daß aus all den angeführten Gründen das so häufige Auftreten der Diagnose Lungen-Tbc., wie sie von Ihnen gehandhabt wird (etwa 40 bis 50% der Fälle, die wir bisher bekommen haben, laufen unter dieser Diagnose), nicht unbedenklich ist, und ich bitte Sie im Interesse einer gedeihlichen Zusammenarbeit, von der Stellung dieser Diagnose in so häufiger Zahl und insbesondere dann, wenn vorher keinerlei Erscheinungen vorhanden waren, abzusehen. Die Belehrungen Ihres Büroleiters in dieser Richtung muß ich ebenfalls ablehnen, da er als Nicht-Arzt nicht in der Lage ist, den Sachverhalt richtig zu beurteilen, und ich gehe mit ihm konform, wenn er sagt, daß diese Frage eine rein ärztliche ist und daher nur von Ärzten entschieden werden kann."[64]

Tatsächlich kam es mitunter zu absurden Diagnosen. So erhielt die Angehörige eines Getöteten aus Grafeneck die Benachrichtigung, ihr Bruder sei an einer Blinddarmentzündung gestorben. Das Problem: Der Blinddarm des Mannes war schon vor Jahren entfernt worden.⁶⁵ Abgesehen davon waren die Schwierigkeiten hinsichtlich Geheimhaltung und Organisation mannigfaltig. Mit der Einrichtung von Sonder-Standesämtern in den Mordzentren versuchte man, unangenehme Nachforschungen zu verhindern. Recht auffällig konnte auch erscheinen, wenn etliche Angehörige in einer Stadt zur selben Zeit Sterbeurkunden bekamen. Dies wurde ab Mitte 1940 von einer speziellen Abteilung überwacht. Zu Koordinationszwecken tauschten die „Euthanasie"-Anstalten die Akten aus – so konnte man den gewünschten Ausgleich schaffen. Außerdem wurden die Sterbebücher manipuliert. Zunehmend wurden die Kranken erst in „Zwischenanstalten" gebracht, bevor sie an die endgültigen Vernichtungsorte gelangten. Dies hatte nicht nur den Zweck, den realen Bestimmungsort zu verschleiern, sondern brachte auch den Vorteil einer flexibleren Planung – je nach der momentanen Ermordungskapazität einer Anstalt konnte variiert werden. Im Anschluss an die Tötungen wurden „Trostbriefe" an die Familien verschickt, die zwar nicht komplett standardisiert waren, sich im Wesentlichen aber nicht unterschieden. Die Verbrennungen müssten aus *„seuchenpolizeilichen Erwägungen"* stattfinden, hieß es jeweils, um eine Ansteckungsgefahr einzudämmen. Forderten die Angehörigen die Urne zur Beisetzung an, so erhielten sie die gerade verfügbare Asche irgendeines Getöteten. Ein 1941 versandter „Trostbrief" aus der Mordstätte Bernburg, in die Eberl im Herbst 1940 wechselte:

„Sehr geehrter Herr K.

Wir bedauern, Ihnen heute mitteilen zu müssen, daß Ihre Tochter Anneliese K. am 20. Februar 1941 unerwartet infolge toxischer Diphtherie verstorben ist. Ihre Verlegung in unsere Anstalt stellt eine Kriegsmaßnahme dar und erfolgte aus mit der Reichsverteidigung im Zusammenhang stehenden Gründen.

Nachdem unsere Anstalt nur als Durchgangslager für diejenigen Kranken bestimmt ist, die in eine andere Anstalt unserer Gegend verlegt werden sollen und der Aufenthalt hier lediglich der Feststellung von Bazillenträgern dient, deren sich solche bekanntlich immer wieder unter derartigen Kranken befinden, hat die zuständige Ortspolizeibehörde, um den Ausbruch und die Verschleppung übertragbarer Krankheiten zu verhindern, im Einvernehmen mit den beteiligten Stellen weitgehende Schutzmaßnahmen angeordnet und gemäß § 22 der Verordnung zur Bekämpfung übertragbarer Krankheiten die sofortige Einäscherung der Leiche und die Desinfektion des Nachlasses verfügt. Einer Einverständniserklärung der Angehörigen bedarf es in diesem Falle nicht.

Der Nachlaß der Verstorbenen wird nach erfolgter Desinfektion hier aufbewahrt, weil er in erster Linie als Pfand für den Kostenträger der Anstaltsunterbringung dient.

Bei dieser Gelegenheit erlauben wir uns, Sie darauf hinzuweisen, daß sich eine Beschädigung des Nachlasses durch die Desinfektion infolge Verwendung nachhaltigster Mittel sehr oft nicht vermeiden lässt und vielfach sowohl Versendung wie Herbeiführung eines Entscheides über Zuweisung des Nachlasses mehr Zeit und Kosten verursacht, als der Nachlaß wert ist. Wir schlagen Ihnen aus diesem Grunde vor, auf ihn zu verzichten, sodaß wir ihn im Falle der Beschädigung der NSV. und im anderen Falle ohne gerichtlichen Entscheid dem Kostenträger zur Verfügung überlassen können.

Falls Sie die Urne auf einem bestimmten Friedhof beisetzen lassen wollen – die Überführung erfolgt kostenlos – bitten wir Sie unter Beifügung einer Einverständniserklärung der betreffenden Friedhofsverwaltung um Nachricht. Sollten Sie uns diese innerhalb von 14 Tagen nicht zusenden, werden wir die Beisetzung anderweitig veranlassen, wie wir auch annehmen würden, daß Sie auf den Nachlaß verzichten, wenn Sie uns innerhalb gleicher Zeit hierüber eine Mitteilung nicht zukommen lassen sollten.
Zwei Sterbeurkunden fügen wir zu Ihrer Bedienung bei."[66]

Dietrich Allers, T4-Geschäftsführer ab 1941, versuchte die immer komplizierter werdenden administrativen Probleme in den Griff zu bekommen. Über zu wenig Arbeit konnte er sich nicht beklagen. Da zunächst nur die Angehörigen informiert wurden, sah man sich mit einer Unmenge zusätzlicher Anfragen konfrontiert: Finanzämter, Gesundheitsämter, Nachlassgerichte, Versicherungsgesellschaften sowie Fürsorgeverbände (als Kostenträger mit Rentenansprüchen) erbaten Auskunft. Der Anspruch der Geheimhaltung erwies sich als illusorisch. Frustrierte Verwandte recherchierten und drangen teilweise trotz aller Gegenmaßnahmen bis in die Anstalten vor, betrunkene Pfleger und Leichenverbrenner prahlten in Gasthäusern mit ihren Taten. In Brandenburg sorgte der falsch konstruierte Schornstein dafür, dass die mehrere Meter hohen Flammen weithin sichtbar waren. Hadamar betreffend beklagte der Limburger Bischof, sogar Schulkinder seien bestens informiert und äußerten Scherze wie *„Da kommt wieder die Mordkiste."* oder *„Du bist nicht recht gescheit, du kommst nach Hadamar in den Backofen!"*[67].

Ungeachtet aller nationalsozialistischen Propagandamaßnahmen wurde das „Euthanasie"-Programm von der Bevölkerung nie wirklich akzeptiert. Ebenso fehlte eine rechtliche Grundlage. Jene wollte Hefelmann schaffen, der ständig neue Gesetzesentwürfe ausarbeiten ließ. Ein wichtiger Ideengeber war niemand anderer als Irmfried Eberl, der die Vorschläge kritisch begutachtete und kommentierte. Im Juli 1940 formulierte er an den „Reichsausschuß":

„Betr.: Ihren Schnellbrief vom 3. 7. 1940

Zur Benennung des Gesetzes vermag ich nichts weiteres zu sagen, denn meines Erachtens wäre der Titel "Gesetz über die Tötung Lebensunfähiger" der sinngemäßeste, der jedoch fallen gelassen werden mußte. Das Wort

"Sterbehilfe" ist ungewohnt, wird aber zweifellos durch das Gesetz den entsprechenden Inhalt bekommen.

Die Abgrenzung der vom Gesetz zu erfassenden Fälle ist im § 1 klar. Im § 2 würden darunter fallen:
- *a) sämtliche Schizophrenen, soweit sie zu keiner oder nur mechanischer Beschäftigung fähig sind;*
- *b) sämtliche Schwachsinnigen, die zu keiner produktiven Tätigkeit, auch in der Anstalt, nicht mehr fähig sind;*
- *c) sämtliche Luetisch-Kranken, bei denen der Prozeß soweit fortgeschritten ist, daß sie ebenfalls zu einer produktiven Arbeit nicht mehr fähig sind;*
- *d) sämtliche Epileptiker, die entweder gehäufte Anfälle haben oder deutliche Wesensveränderungen zeigen;*
- *e) sämtliche Fälle von seniler Demenz, die erheblich unsauber sind und außerdem der dauernden Verwahrung in einer Heil- und Pflegeanstalt bedürfen und nicht in jüngeren Jahren besondere Leistungen für Volk und Reich vollbracht haben;*
- *f) außerdem alle übrigen geistigen Störungen, die zu einer produktiven Tätigkeit nicht geeignet sind.*

Unter produktiver Tätigkeit ist zu verstehen, daß der betreffende Kranke keine rein mechanische Tätigkeit ausführt, sondern daß er z. B. in der Landwirtschaft mitarbeitet und dort auch entsprechende Leistungen zu vollbringen vermag. Patienten, die also beispielsweise wohl bei der Feldkolonne mitlaufen, dort aber nichts oder nur weniges leisten, sind selbstverständlich miteinzubeziehen. Ferner fallen selbstverständlich alle Kriminellen, die einer Anstaltsverwahrung bedürfen, unter dieses Gesetz.

Zum sachlichen Inhalt habe ich folgendes zu sagen:

...

Zu § 2. 2. Abs.

Hier werden erworbene Leiden, die durch Kriegsbeschädigung oder Arbeitsunfall hervorgerufen sind, ausgenommen. Ich möchte diese Ausnahme insofern einschränken, als einem solchen Patienten Sterbehilfe gewährt werden kann, wenn er dies ausdrücklich selbst wünscht.

...

Die Ärzteschaft wird dieses Gesetz, insbesondere den § 1, absolut begrüssen, denn der Arzt kommt sehr häufig in die Lage, daß schwerkranke, unheilbare Patienten den Tod herbeisehnen, ohne daß er in der Lage ist, ihnen heute diese Hilfe zu geben, es sei denn, er nimmt diese Tötung auf sein eigenes Gewissen.

Ebenso wird das Volk den § 1 absolut verstehen und auch begrüßen, wenn man von dem absolut katholisch eingestellten Teil der Bevölkerung absieht. Anders wird die Wirkung des zweiten Teils des Gesetzes sein, der von der Ausscheidung lebensunwerten Lebens handelt. Wenn auch ein derartiges Gesetz in gewissem Sinne in der Luft liegt, also von einem Teil unseres Volkes absolut verstanden werden wird, so wird sich doch ein nicht unerheblicher Teil, insbesondere wenn es sich um Angehörige von Geisteskranken handelt, erheblich dagegen sträuben. Die weitere Folge wird sein, daß man viel schwerer als bisher Geisteskranke in Anstalten bekommen wird, sofern sie zu Hause nur die geringste Möglichkeit der Unterbringung und Pflege haben. Welche Folgen das in Bezug auf Volksgesundheit und auch auf die Kriminalität haben kann, ist schwer abzuschätzen. Ich glaube jedoch, daß dieses Gesetz sich genau so durchsetzen wird, wie sich seinerzeit das Ehegesundheitsgesetz oder das Gesetz zur Verhütung erbkranken Nachwuchses durchgesetzt haben und daß bei entsprechender Aufklärung, die gleichzeitig oder besser noch vor der Verkündung erfolgen müßte, das Gesetz entsprechenden Anklang finden wird.

...

Zu § 2/§ 3/§ 4

...

Der Reichsbeauftragte beauftragt den Angehörigen eines von ihm eingesetzten Gutachterausschusses mit der Untersuchung des Patienten auf Grund des vorliegenden Meldebogens und der Abfassung eines kurzen Gutachtens über das Ergebnis seiner Untersuchung. Der Meldebogen und das kurze Gutachten gehen dann getrennt den übrigen Mitgliedern des Gutachterausschusses zu, die ihrerseits entscheiden, ob der betreffende Kranke unter das Gesetz fällt oder nicht. Die Entscheidungen der einzelnen Gutachter gehen dann dem Reichsbeauftragten zu, der seinerseits die endgültige Entscheidung trifft. Der Reichsbeauftragte hat eigene Heil- und Pflegeanstalten in seiner Verwaltung, in denen die Patienten, die unter das Gesetz fallen, aufgenommen werden. Dort erfolgt dann die Beendigung des Lebens der unter das Gesetz fallenden Menschen. In der Anstalt des Reichsbeauftragten muß der Patient mindestens 7 Tage beobachtet werden, bis die Beendigung des Lebens erfolgen darf."[68]

Juristisch hätte zwischen der freiwillig gewünschten und der aufgezwungenen „Euthanasie" unterschieden werden sollen. Letzterer sollten laut Eberl „selbstverständlich" auch zu wenig produktive Kranke anheim fallen. Den Widerstand gegen die Ermordungen befürchtete Eberl zu Recht. Dennoch glaubte er, dass das Gesetz durch entsprechende „Aufklärung" das Volk überzeugen könne. Hitler schätzte die Lage realistischer ein, seine Bedenken erwiesen sich als folgerichtig. Nichts desto trotz zeigten sich die zuständigen Behörden erst noch zuversichtlich, Eberl bekam vom „Reichsausschuß" als Antwort: *„Abschliessend möchte ich betonen, dass es für mich eine Freude und nicht zu unterschätzende Unterstützung in meiner Arbeit bedeutet, dass das Gesetz als solches und der übersandte Entwurf grundsätzlich von allen Seiten lebhaft begrüsst wird."*[69] Nicht von Hitler – ein abgesegnetes Gesetz, das auch den Tötungsärzten Rechtssicherheit geben hätte können, hat es im Dritten Reich nie gegeben. Das Gesetz blieb ein ernstes Anliegen Eberls. Im September 1940 schrieb er wiederum aus Brandenburg an den „Reichsausschuß":

"Betr.: Ihr Schreiben vom 31. 8. 40.

Zu dem neuen Titel des Gesetzes habe ich nichts zu bemerken.
Zu § 1 bezüglich des Euthanasie-Beauftragten stehe ich nach wie vor auf dem Standpunkt, daß der Amtsarzt der gegebene Mann dafür ist, denn er allein ist in der Lage, sich jederzeit in den Dienst der Sache zu stellen und in der gesetzlich vorgeschriebenen Frist die entsprechende Untersuchung durchzuführen ... Den Vorschlag, Amtsärzte von Fall zu Fall je nach Eignung und im übrigen andere Ärzte zu ermächtigen, halte ich nicht für zweckmässig, um so mehr, als ja der Amtsarzt in der Zukunft der Gesundheitsführer seines Kreises werden soll und auch die Durchführung dieses Gesetzes seine Stellung noch mehr befestigen würde. Die Zahl der weltanschaulich nicht tragbaren Amtsärzte wird ja auch von Jahr zu Jahr geringer, da der junge Nachwuchs vermutlich doch in weitaus überwiegendem Masse weltanschaulich in Ordnung gehen dürfte.
...
Zu § 4 Abs. 4 bezüglich der Ausnahmen denke ich hier besonders an Kinder und Jugendliche mit angeborenem Schwachsinn, denen zwar eine theoretische Bildungsfähigkeit absolut abgeht, die aber in praktischer Hinsicht durchaus noch in der Lage sind, produktive Arbeit zu leisten. In diesen Fällen muß meines Erachtens eine Ausnahme gemacht, jedoch unbedingt darauf gesehen werden, daß die betreffenden Kranken vor der Entlassung aus der Anstalt sterilisiert werden, denn es gibt zweifellos eine ganze Reihe von Schwer-Imbezillen, die noch recht brauchbare landwirtschaftliche Kräfte darstellen, deren Ausscheidung meines Erachtens bei dem derzeit und wohl auch noch länger herrschenden Mangel an landwirtschaftlichen Kräften nicht tragbar ist."[70]

Die künftigen Amtsärzte seien propagandistisch entsprechend beeinflusst und folgsame Nazis, so Eberl. Zusätzlich könne man sie mit Karriere-Chancen locken. Der zweite nennenswerte Vorschlag war die Sterilisierung von Menschen mit „angeborenem Schwachsinn", die zwar zum Arbeitseinsatz instrumentalisiert werden könnten, sich aber in keinem Fall fortpflanzen sollten. Im Mai und Juni 1941 erhielt Eberl tatsächlich entsprechende Vollmachten, um Nachuntersuchungen in verschiedenen Landesanstalten in Sachsen und Brandenburg vorzunehmen, und zwar an denjenigen Kranken, „*die von den Direktoren ... als gute Arbeiter reklamiert sind*".[71] Ausdrücklich unerwünscht sei dies in der Anstalt Görden, weil der dortige Leiter Heinze als „*in jeder Beziehung zuverlässig betrachtet wird*". Eberl bekam dabei also eine doppelte Kontrollfunktion, die neben den Arbeitern auch die Direktoren betraf.

Zum Abschluss seines Schreibens forderte er außerdem einen Kommentar zu Gesetz und Durchführungsbestimmungen, der seines Erachtens „jeden Zweifel beseitigen" würde.

Gnadengesuche von Kriminellen, die wegen verminderter Zurechnungsfähigkeit in Anstalten eingeliefert waren, wurden zwar offiziell weiter behandelt, oft wussten die Staatsanwaltschaften und Gerichte jedoch nicht, wo sich die Betreffenden befanden. Nicht selten waren sie bereits getötet worden. Ein Bericht an Roland Freisler, Staatssekretär im Justizministerium, gibt über diese Sachlage Auskunft (Brief vom 24. August 1940). Die Meldungen des Leipziger Oberstaatsanwalts betreffen die Anstalt Brandenburg und beinhalten auch Irmfried Eberls Namen. Für Eberl war Gnade ein Fremdwort. So ist in dem Schreiben zu lesen:

„*Gegen den 1869 geborenen Altersrentner Hermann G. erging in der Sache 5 Kls 161/39 Urteil auf Gefängnis und Unterbringung in einer Heil- und Pflegeanstalt. Vom 21. Februar 1940 ab war er in Waldheim untergebracht.*

Auf seine Anfrage bei der Anstalt zu einem Gnadengesuch auf Erlass der Unterbringung erhielt der Oberstaatsanwalt Leipzig am 15. März 1940 vom Chefarzt Dr. Eberl in Brandenburg die Mitteilung: G. sei am 2. März

1940 nach Brandenburg verlegt worden, es handele sich um eine beginnende Demenz auf arteriosklerotischer Grundlage, in absehbarer Zeit würde G. für ein Leben in Freiheit nicht tragbar sein."[72]

1940 befanden sich noch immer jüdische Kranke in den Anstalten, im Juni 1940 begannen die Verlegungen und Ermordungen – in Brandenburg. Eberl machte sich in seinem Taschenkalender, der nach dem Krieg sichergestellt werden konnte, entsprechende Notizen.[73] Im Juli folgten weitere Transporte von jüdischen Opfern. Eberl notierte sie fein säuberlich im selben kleinen Kalendarium, in dem er auch seine Lebensmitteleinkäufe verzeichnete. Dort differenzierte er die todgeweihten Neuankömmlinge nach Geschlecht und Rasse. Bemerkenswert ist, dass er zwischen Männern, Frauen und Juden unterschied, Letztere jeder Geschlechtlichkeit beraubte. Ebenfalls war bei den jüdischen Opfern gleichgültig, ob sie arbeitsfähig waren oder nicht, denn sie sollten ungeachtet aller bei anderen Kranken relevanten Umstände vernichtet werden. Ende September 1940 kam es zu erneuten Transporten jüdischer Patienten nach Brandenburg, von Chefarzt Dr. Eberl in seinem Kalender verzeichnet (aus Hamburg-Langenhorn und Hannover-Wunstorf). Sie wurden umgehend umgebracht. Außerdem dokumentierte Eberl diese Vorgänge später in einem Organisationsplan der Tötungsanstalt Bernburg, seiner nachfolgenden Arbeitsstätte. Eberl plädierte dort (Anlass waren Transporte aus den Konzentrationslagern nach Bernburg) für die administrative Erfassung der Getöteten.

„Die von der Berliner Zentrale verschiedentlich geäußerte Ansicht – nämlich, daß diese KL-Angehörigen überhaupt nicht ins Krankenbuch einzutragen sind u. dergl. ist schärfstens abzulehnen. Ich selbst verweise in diesen Fällen auf meine Erfahrungen mit den Judentransporten im Jahre 1940, wo die Berliner Zentrale auch vorher keine Bearbeitung wünschte, ich diese jedoch damals in B = Brandenburg von mir aus anordnete und sich ergab, daß diese Art der Bearbeitung späterhin richtig war."[74]

Die Daten waren schon deshalb wichtig, weil man noch im Nachhinein fingierte Rechnungen an die Kostenträger stellte und das Todesdatum hinauszögerte. Mit dieser Taktik wurden beträchtliche Gewinne erwirtschaftet. Nicht wenigen Brandenburg-Opfern wurden die Gehirne entnommen. Sie gingen zur Untersuchung an den Pathologen Julius Hallervorden nach Berlin, der nach dem Krieg Karriere machte und Abteilungsleiter am Max-Planck-Institut für Hirnforschung wurde. Hallervorden, der auch von anderen Anstalten „beliefert" wurde, sezierte insgesamt etwa 700 Gehirne.[75]

Es verwundert kaum, dass sich das Personal der Tötungsanstalten auch abseits der Ermordungen moralisch nicht immer vorbildlich verhielt. Dem Juristen Dr. Gerhard Bohne, Leiter der T4-Verwaltungsabteilung, wurden etliche Verfehlungen von T4-Angestellten bekannt. Zu den Missständen, die er kritisierte, zählten Alkohol- und Sex-Orgien, Unterschlagung von Genuss- und Lebensmitteln, Missbrauch von Kraftwagen etc. Bohne selbst hatte die Auseinandersetzung dermaßen zugesetzt, dass er im Sommer 1940 von seinem Amt mehr oder weniger freiwillig zurücktrat. Als Souvenir hinterließ er aber eine Anzeige, die verfolgt wurde und noch über Jahre hinaus die Gemüter erregte. Besonders brisant war, dass Bohne führende T4-Leute beschuldigte, u. a. Brack, Bouhler, Eberl und dessen Kollegen Dr. Horst Schumann, Leiter der Tötungsanstalt Grafeneck. Auch an Ruth Eberl sind die Vorwürfe nicht spurlos vorbeigegangen. Sie bemühte sich im März 1942, bei ihrem Lehrmeister Herbert Gerstner ein graphologisches Gutachten über Bohne einzuholen. Der Brief trägt den Vermerk *„Streng vertraulich!"*.

„Sehr geehrter Herr Gerstner!

In der Anlage übersende ich Ihnen eine Schrift zur Analyse. Es handelt sich um die Schrift eines 40jährigen Mannes, der Jurist ist und in einem Ministerium sass, dann mit einer grösseren Sonderaufgabe betraut wurde.

Jetzt hat nun der Schrifturheber ein sehr umfangreiches Pamphleth an alle möglichen Dienststellen gerichtet und in dieser Schrift der Leitung und den führenden Köpfen dieser Organisation die h a a r s t r ä u b e n d s t e n Dinge vorgeworfen und angedichtet. Es ist vor keiner menschlichen Gemeinheit Halt gemacht worden, insbesondere sind auch persönlichst und vor allen Dingen auch sexuelle Angelegenheiten in einer geradezu unfassbaren Form niedergeschrieben worden. Der Schrifturheber hat diese "Materialsammlung" mit seinem Namen unterzeichnet.

...

Bitte fassen Sie dieselbe so ausführlich wie möglich und machen Sie dieselbe so gut wie möglich, denn Sie können damit wirklich viel helfen und auch bekannt werden, da Ihr Name ja dann überall bekannt wird.
Insbesondere bitte ich Sie, doch einmal eingehend zu prüfen, ob in der Schrift nicht Merkmale für eine geistige Erkrankung vorhanden sind, oder aber, ob der Schrifturheber lediglich das Werkzeug einer anderen Macht (evtl. kathol. Kirche) ist."[76]

Das ist – gelinde gesagt – nicht gerade die Aufforderung zur sachlichen Analyse der Schrift. Die möglichen Konsequenzen der Feststellung einer „geistigen Erkrankung" müssen hier nicht erörtert werden – Bohne wäre vielleicht von denjenigen exekutiert worden, die er kritisiert hatte. Doch ganz so weit kam es nicht – immerhin wurde er im August 1943 aus der Partei ausgeschlossen.[77] An dieser Stelle muss gesagt werden, dass Bohne zwar in internen NS-Machtkämpfen unterlag, aber keineswegs Gegner der „Euthanasie" war. Ihn störten lediglich der unstatthafte Lebenswandel und der Missbrauch, die der Aktion T4 schadeten.

Im Herbst 1940 endeten die Tötungen in Brandenburg, Eberl übersiedelte mitsamt seinem Personal in die modernere Anstalt Bernburg. Gemäß einer T4-Statistik wurden unter Eberls Kommando in Brandenburg insgesamt über 9000 Patienten ermordet. Davon waren weit über 100 Kinder.

VI. Massenmord, zweite Station: Direktor der Anstalt Bernburg

Eberl übersiedelte im Herbst 1940 in die Anstalt Bernburg an der Saale, sein Stab folgte in Etappen. Es handelte sich hierbei ursprünglich um ein psychiatrisches Krankenhaus, ein Teil des Komplexes wurde nun für die Aktion T4 beschlagnahmt. Ein Bautrupp der Führerkanzlei hatte deshalb den Keller des ehemaligen „Männerhauses 2" in jenen Wochen in einen Tötungsbereich umgebaut, der eine etwa 13 m^2 große Gaskammer mit Guckloch, ein Krematorium mit zwei koksbeheizten Verbrennungsöfen, einen Sezierraum und eine Leichenkammer enthielt. In Gebäudenähe wurde eine Garage für die Transportbusse errichtet. Die bis dahin existente Klinik wurde dennoch nicht aufgelassen. So bestanden zwei Abteilungen: die Abteilung des bisherigen Anstaltsleiters Dr. Willi Enke („Abteilung Dr. Enke") und die „Euthanasie"-Anstalt, die von den Beschäftigten als „Sonderabteilung Dr. Eberl" oder „Berliner Abteilung" bezeichnet wurde.

Im November 1940 begannen die Vergasungen in Bernburg. Aus dem „wohlverdienten" Weihnachtsurlaub in Bregenz und Seefeld kehrte Eberl Anfang Jänner 1941 zurück und vereidigte neues Personal. Die vernommene Krankenschwester Erna Sch. berichtete 1948:

„Nachdem wir vereidigt und zum Stillschweigen verpflichtet worden waren, wurde uns von Dr. Eberl erklärt, dass in seiner Abteilung unheilbar Kranke seien bzw. dort hin transportiert wurden, die 15 bis 20 Jahre unheilbar krank seien, und diese würden in seiner Abteilung schnell erlöst werden. Es handele sich um eine geheime Reichssache, worüber wir schweigen müßten, andernfalls wir mit der Todesstrafe zu rechnen hätten."[78]

Das Prozedere unterschied sich nicht von dem der anderen Tötungszentren. Transport, Abgabe der Wertsachen, oberflächliche Untersuchung sowie Fotografieren der Opfer, Ermordung, Verbrennung im Krematorium (einige

Ermordete wurden nach der Tötung seziert), Beurkundung des Todes im eigenen Standesamt, Trostbriefe und Urnenversand. Die genannte Schwester schilderte die Vorgänge wie folgt:

„Ich wurde nun von Dr. Eberl ... als Transportbegleiterin eingeteilt ... Ich habe Geisteskranke aus folgenden Heil- und Pflegeanstalten mit abgeholt: Neuruppin, Eberswalde, Uchtsprünge (Uchtspringe, MG), Königslutter, Görden bei Brandenburg, Alt-Scherbitz und Buch bei Berlin. Die Transporte wurden mittels großer Verkehrsomnibusse ausgeführt. Wir fuhren wöchentlich etwa 3 mal und jedes Mal mit 3 Verkehrsomnibussen. In jedem Omnibus befanden sich immer etwa 40 Kranke. ... In jedem Omnibus befand sich außer dem Leiter noch ein Pfleger und eine Schwester als Begleitpersonal. Es waren im ganzen 18 Pfleger und 12 Schwestern, die diese Transporte als Pflegepersonal begleiteten. ... Nachdem die transportierten Geisteskranken nach der Ankunft in der Heil- und Pflegeanstalt aus den Kraftwagen geladen waren, wurden sie in einem Flur gesammelt, und hier mußten sie warten. Es mußten sich dann immer nach und nach zwei bis drei Personen entkleiden, und dann wurden sie nackt dem Arzt zugeführt ... Nach der Untersuchung bekam jeder Kranke eine laufende Nummer, die ihm mit einem Gummistempel auf die Brust aufgedrückt wurde. Dann wurde jeder ärztlich Untersuchte fotografiert, und zwar wurden von jedem 3 Aufnahmen gemacht, eine Ganzaufnahme, 1 Brustbild und eine Profilaufnahme. Nachdem sie fotografiert waren, kamen sie in den Gasraum. Wir mussten den Kranken sagen, dass sie in diesem Raume gebadet würden. In Wirklichkeit war es so, dass in diesen Gasräumen 35 Personen gesammelt wurden und dann wurde von Dr. Eberl der Gashahn geöffnet, sodaß das Gas ungehindert in diesen Raum entströmen konnte. Nach einer bestimmten Zeit wurde von den Pflegern für Entgasung des Raumes gesorgt, und dann wurden die durch das Gas getöteten Geisteskranken durch die Pfleger und besonders eingestellten Verbrenner in besonders eingebauten Oefen verbrannt ... Als ich den ersten Transport mitgemacht hatte und das

Elend gesehen hatte, war ich erschüttert. Ich habe weinend den andern Schwestern und dem Pflegepersonal erklärt, dass ich so etwas nicht länger mitmachen wollte"[79].

Aus Angst, in ein KZ zu kommen, versah die Erschütterte laut eigener Aussage auch weiterhin ihren Dienst. Sie heiratete einen Bernburger Leichenverbrenner, der 1944 im Kriegseinsatz fiel.
Das Personal der Vernichtungsanstalt, die mietfrei töten durfte, umfasste etwa 100 Personen. Allerdings waren auch die in der „Abteilung Enke" beschäftigten Ärzte voll eingeweiht, die übrigen Angestellten schriftlich zum Stillschweigen verpflichtet (unter Androhung, bei Verstoß als Landesverräter behandelt zu werden). Ebenso wussten die Leiter der Zwischenanstalten und führende örtliche Beamte Bescheid. Dies alles geht aus einem Organisationsplan der Anstalt Bernburg hervor, den Eberl wahrscheinlich im Sommer 1941 erstellte. Dieses Schriftstück brachte nach dem Krieg all jene in Bedrängnis, die behaupteten, von den Ermordungen nichts gewusst zu haben. Dazu zählte auch Enke, von dem Eberl berichtete:

„Die Heil- und Pflegeanstalt wird in dem zur Aktion gehörigen Teil von mir, in dem Restteil von Prof. Dr. Enke geleitet. Prof. Enke ist ebenfalls über unsere Aktion in vollem Umfange unterrichtet. Er steht unserer Aktion an sich positiv gegenüber, hat jedoch eine Reihe von Bedenken ... Dadurch kommt er zu der Auffassung, daß bevor ein Kranker unserer Aktion anheim fällt, der betreffenden Anstalt, in der sich der Kranke befindet, die Auflage gemacht werden müßte in den Fällen, in denen ein Therapieversuch auch nur die geringste Aussicht auf Erfolg bietet, einen solchen Therapieversuch zu machen. Diese Auffassung ist zwar ärztlich zu verstehen, läßt sich jedoch im Rahmen unserer Aktion keineswegs durchführen"[80].

Für Restbestände ärztlichen Denkens war bei T4 kein Platz, wie Eberl klar herausstrich. Nach 1945 leitete Enke übrigens das evangelische Diakoniezentrum Hephata in Hessen, zu dessen Aufgaben die Behindertenhilfe zählte. Als Unschuldslamm präsentierte sich auch Eberls Stellvertreter in Bernburg, Dr. Heinrich Bunke. 1962 erklärte er, kaum etwas gewusst zu haben – die Tötungen stellte er unkompliziert dar: *„Die Patienten wurden, wenn sie zur Vergasung geführt wurden, in den Glauben versetzt, in einen Duschraum geführt zu werden. Ich habe niemals erlebt, daß Patienten Schwierigkeiten gemacht hätten, als sie in den Vergasungsraum geführt wurden."*[81] Im Gegensatz dazu berichtete Enkes Oberarzt Dr. Wilhelm Schmidt, er habe oft Schreie der Betroffenen wahrgenommen.[82] Und das, obwohl mit Beruhigungsmitteln nicht gespart wurde. Dessen Ehefrau bestätigte dies und merkte an, dass schon der Transport von Qualen begleitet war: *„Diese Busse hatten schwarz verklebte Fenster, wieviel Personen dort ausstiegen, kann ich nicht sagen. Man hat schon mal durch Ritzen in den verklebten Fenstern Leute gesehen und auch schreien gehört ... Erinnerlich sind mir auch noch die Männer aus dieser Gruppe die einen überaus brutalen Eindruck machten, wohl alle stramme Nazis waren und, wie man sich erzählte, die Wertsachen von den dort vergasten Juden eimerweise sammelten."*[83]

Zum Personal der „Abteilung Eberl" gehörte Pförtner Albert G., der 1961 bei einer Vernehmung über seine „Einschulung" aussagte:

„Dr. Eberl ... fragte uns, ob ich Kleingärtner sei und als ich sagte, dass ich etwas davon verstünde, meinte er, ich wisse dann doch auch, dass das Unkraut vernichtet werden müsse. Gleiches geschehe bei ihnen, Lebensunwerte sollten verschwinden. ... Die erste Vergasung, die stattfand, als wir kamen, mussten wir mit ansehen."[84]

Bei diesem Herrn war Eberls Überzeugungsarbeit offensichtlich erfolgreich. Ende 1942 bemühte er sich bei seinem Chef darum, die noch nicht zweijährige Tochter seiner Schwester Karin der Aktion zuzuführen. Zu diesem Zeitpunkt galt die „Euthanasie" offiziell als beendet, wurde aber im Geheimen weiterhin betrieben. Die Anfrage, *„ob es möglich ist, das fragliche Kind in die Kinderaktion einzubeziehen"*[85], leitete Eberl umgehend an die T4-Zentrale weiter. Das Kind sollte in die „Kinderfachabteilung" von Dr. Fritz Mennecke nach Eichberg (Hessen) gebracht werden. Als Antwort erhielt Eberl, die Zustimmung der Eltern sei unerlässliche Voraussetzung. Aus Eichberg gelangten „besonders interessante" Gehirne Ermordeter zu Forschungszwecken an die Universitätsklinik Heidelberg. Einen erschreckenden Aktenfund machte „Euthanasie"-Forscher Ernst Klee 1983. Er entdeckte ein Fotoalbum, ein Weihnachtsgeschenk eines Patienten und Sektionsgehilfen an den Eichberger Oberarzt Dr. Walter Schmidt. Das Album enthält zunächst Fotos lebender Kinder, anschließend Bilder ihrer Gehirne. Am Schicksal des Patienten änderte das Geschenk nichts, er wurde ebenfalls getötet.[86]

Das komplexe System der Tarnung machte auch vor wirtschaftlichen Belangen nicht Halt, wie aus Eberls Bernburg-Organisationsplan hervorgeht. Bei der Beschaffung von Lebensmitteln sah das wie folgt aus:

„Unsere Wirtschaftsverwaltung fordert alles Benötigte beim Kreisleiter bezw. dessen Beauftragten (als solcher fungiert Pg. Düring) an. Der Kreisleiter reicht diese Anforderung als Anforderung der Kreisleitung der NSDAP an das zuständige Wirtschaftsamt weiter und vom Wirtschaftsamt gelangen die entsprechenden Bezugscheine u. dergl. über den Kreisleiter wieder an uns. Wobei der Leiter des Wirtschaftsamtes, Bürgermeister Ackermann darüber unterrichtet ist, daß diese Dinge für unseren Bedarf benötigt werden. Dieses Verfahren ist deshalb eingerichtet worden, um dem Wirtschaftsamt eine entsprechende Deckung für Revisionen zu gewähren ohne daß unsere Anstalt in Erscheinung tritt. Damit der Kreisleiter seinerseits gedeckt ist, hat dieser ein Schreiben der Kanzlei des Führers erhalten, das ihm die nötige Deckung gewährt. Ich habe bisher den

Grundsatz vertreten, mit der anderen Anstalt möglichst wenig Kontakt zu halten, auch um mögliche Reibungsflächen möglichst wenig zur Auswirkung kommen zu lassen."[87]

Dafür, dass die Anstalt nicht in Erscheinung treten musste, stellte Eberl seinen Namen zur Verfügung. Das betraf natürlich nicht die Trostbriefe an die Angehörigen, aber den Großteil der offiziellen Korrespondenz, so z. B. die Anforderung von Transporten:

„Um die Tarnung nach außenhin aufrecht zu halten, habe ich folgendes Verfahren angewandt:
Die Anforderung von Patienten erfolgte unter meinem Namen und eigenem Postschließfach (Dr. med. Irmfried Eberl, Bernburg/Saale, Postschließfach 252).
Die Anforderung eines Transportes erfolgte in folgender Form: Unter meinem eigenen Namen wurde eine Transportliste an die zuständige Regierungsdienststelle, 3 Exemplare unter meinem Namen an den Leiter der entsprechenden Anstalt und 1 Exemplar unter Heil- und Pflegeanstalt Bernburg an die Gemeinnützige Krankentransport GmbH gesandt.
Stellte sich nach Einlangen des Transportes heraus, daß bei einem Patienten Nachlaß fehlte, so wurde die Anforderung ebenfalls nicht unter Heil- und Pflegeanstalt Bernburg, sondern unter meinem Namen durchgeführt. Dieses Verfahren ist zwar sonst nicht üblich, habe ich jedoch wie schon eingangs erwähnt, gewählt um in den Anstalten die Heil- und Pflegeanstalt Bernburg keinesfalls bekannt werden zu lassen. Es empfiehlt sich daher, dieses Verfahren weiter zu pflegen. Da mein Name den entsprechenden Stellen überall bekannt ist, bezw. ich die Anstalten mit vieler Mühe an dieses Verfahren gewöhnt habe, empfiehlt es sich auch, bei dem Namen zu bleiben und die entsprechenden Schreiben in Vertretung zu zeichnen.
Das Recht, Briefe die unter meinem eigenen Namen die Anstalt verlassen zu zeichnen, habe ich lediglich meinem ärztlichen Vertreter und dem Büro-

leiter erteilt aber nur dann, wenn ich selbst nicht anwesend war. Falls ich diese Schreiben nicht selbst gezeichnet habe, mußten mir die Unterzeichner die Durchschläge bei der nächstmöglichen Gelegenheit vorlegen."[88]

Es ist bemerkenswert, dass sich Eberl um die Aufrechterhaltung der Tarnung so viele Gedanken machte und im Gegensatz zur gängigen Praxis recht freimütig mit seiner Unterschrift zeichnete. Der Glaube an den Triumph des Nationalsozialismus muss dermaßen groß gewesen sein, dass er persönliche Konsequenzen seines Handelns kaum bedachte. Tatsächlich begünstigten nach dem Krieg die überlieferten namentlich gezeichneten Schriftstücke Eberls Verhaftung.

Zwischen März und Juli 1941 wurden gemäß T4-Statistik in Bernburg monatlich über 1000 Insassen ins Gas geschickt. Die Stenotypistin Inge Sch. zitierte aus einem Gespräch zwischen Büroleiter Fritz Hirche und Eberl:

„Ich war einmal Zuhörer eines Gesprächs zwischen Hauptmann Hirche und Dr. Eberl, und hörte wie Hauptmann Hirche zu Dr. Eberl sagte: "Herr Dr. diesen Monat haben wir fast 1000 geschafft." Dr. Eberl sagte hierauf: "So dann ist das unser bester Monat""[89].

Mit den Todgeweihten wurde selbst unmittelbar vor der Ermordung nicht zimperlich verfahren, wie dieselbe Angestellte berichtete. Manche Pflegerinnen und Pfleger „*mussten oft gerügt werden, wegen grober Behandlung der Opfer wenn sie unbekleidet vor der Vergasung dem Arzt vorgeführt wurden.*"[90] Eine von dieser Aussage namentlich betroffene Pflegerin verteidigte sich folgendermaßen: „*Wenn ich jetzt sage, daß man bei Geisteskranken hin und wieder fest zupacken muß, so ist dies kein Eingeständnis dieses Vorwurfes, sondern soll nur zur Erklärung dienen, wie es vielleicht zu dieser Angabe gekommen ist.*"[91]

Die bei manchen Getöteten durchgeführten oberflächlichen Gehirn-Untersuchungen wurden meist von Dr. Bunke geleitet, ein Pfleger assistierte. Danach gingen die in einem Glas verschlossenen Gehirne an Prof. Hallervorden nach Berlin. Nachfolgend als Beispiel die Gehirn-Sektion eines 15-jährigen Mädchens durch Bunke, dessen Tarnname Dr. Keller lautete:

„*Name: B., Gerda geb. 19. 5. 1926 in Büdelsdorf*
gest. am 12. 7. 41
...
Befund: Hochgradiger Hydocephalus internus u. externus. Bei Herausnahme des Gehirns ergoß sich eine klare Flüssigkeit von ungefähr 1500 ccm. in der li. Hemisphere ist fast keine Hirnsubstanz und Rinde mehr vorhanden. Die Windungen sind vollständig abgeplattet. Die re. Hemisphere ist etwas angegriffen. Der Opticus ist zum Teil verlagert.

Kurze Anamnese:
Kind ist unehelich geboren, völlig antriebslos und läppisch im Wesen und steht zu der Umwelt in keinem Verhältnis. Mutter angeblich gesund.

gez. Dr. Keller"[92]

Für Geselligkeit in den Anstalten blieb trotz allem genügend Zeit. So hatte Eberl 1941 in Bernburg eine Freundin, die junge Stenotypistin Christel D., die nach dem Krieg zugab: „*Ich habe mit Dr. Eberl engen Kontakt unterhalten. Später trat allerdings eine Distanzierung ein, weil ich auf die Fortsetzung des Kontaktes mit Rücksicht darauf, dass Dr. Eberl verheiratet war aus Vernunftsgründen keinen Wert mehr legte, zumal ich auch die Frau von Dr. Eberl kennen gelernt hatte.*"[93] Als Mitarbeiter und Kameraden schätzte Eberl Hirche hoch. In Bernburg kam es öfters zu Feierlichkeiten, die nicht nur auf die eigene Wirkungsstätte beschränkt waren. Es gab Betriebsausflüge in andere Vernichtungsanstalten, sogar ein T4-Urlaubsdomizil am Attersee. Kein Wunder also, dass man sich näher kam, mit Hartheim-Chef Lonauer war Eberl 1941 bereits per du. Auch Sport-Events fanden statt. So reiste einmal eine Sonnensteiner Handballauswahl zum Duell gegen die Vergasungsanstalt Bernburg an. Darüber hinaus hielt Eberl in Bernburg Vorträge über die Nützlichkeit der „Euthanasie", wie die Schreibkraft Helga Sch. berichtete: *„Ich hatte Verständnis für die Aktion, zumal Dr. Eberl in Bernburg Vorträge gehalten hat und dabei die Aktion als segensreich hingestellt hat. Er erwähnte, es würde dadurch Platz für unsere verwundeten Soldaten geschaffen, die Geisteskranken wüßten nicht wofür sie lebten; sie würden zum Teil unter dem Tier leben."*[94]

Doch es gab auch Spannungen zwischen Eberl, seinem Personal und anderen maßgeblichen Entscheidungsträgern. Der oft als Autokrat beschriebene Eberl hatte schon in Brandenburg seine Probleme mit Stellvertreter Aquilin Ullrich, in Bernburg geriet er mit Enke aneinander. Dort missfiel ihm auch der Standesbeamte Gerhard Godenschweig. Laut Godenschweig lag das auch daran, dass er Eberl einmal bei einem Seitensprung überrascht hatte: *„Eberl hatte ein Verhältnis mit einer Sekretärin namens Christel D. Ich habe Eberl mal mit dieser in einer verfänglichen Situation gesehen. Seitdem hat er mich dumm angeguckt."*[95] Ebenso sorgte der geltungssüchtige Inspektor der T4-Anstalten, Christian Wirth (der 1944 bei der Partisanenbekämpfung starb), in Bernburg mehrfach für Ärger.

Im Sommer 1941 erwies sich Eberls Wunsch nach einem „Euthanasie"-Gesetz endgültig als illusorisch, das Gegenteil war der Fall. Aufgrund vereinzelter Widerstände wurden immer mehr Details über das Vernichtungsprogramm publik. Höhepunkt war die Predigt des Bischofs von Münster, Clemens August Graf von Galen, am 3. August 1941, der zwar selbst nationalistisch gesinnt war, die „Euthanasie" aber strikt verurteilte:

„Seit einigen Monaten hören wir Berichte, daß aus Heil- und Pflegeanstalten für Geisteskranke auf Anordnung von Berlin Pfleglinge, die

schon länger krank sind und vielleicht unheilbar erscheinen, zwangsweise abgeführt werden. Regelmäßig erhalten dann die Angehörigen nach kurzer Zeit die Mitteilung, die Leiche sei verbrannt, die Asche könne abgeliefert werden. Allgemein herrscht der an Sicherheit grenzende Verdacht, dass diese zahlreichen unerwarteten Todesfälle von Geisteskranken nicht von selbst eintreten, sondern absichtlich herbeigeführt werden, daß man dabei jener Lehre folgt, die behauptet, man dürfe sogenanntes »lebensunwertes Leben« vernichten, also unschuldige Menschen töten, wenn man meint, ihr Leben sei für Volk und Staat nichts mehr wert. Eine furchtbare Lehre, die die Ermordung Unschuldiger rechtfertigen will, die die gewaltsame Tötung der nicht mehr arbeitsfähigen Invaliden, Krüppel, unheilbar Kranken, Altersschwachen grundsätzlich freigibt.

...

Deutsche Männer und Frauen! Noch hat Gesetzeskraft der § 211 des Reichsstrafgesetzbuches, der bestimmt: »Wer vorsätzlich einen Menschen tötet, wird, wenn er die Tötung mit Überlegung ausgeführt hat, wegen Mordes mit dem Tode bestraft.«"[96]

Die Predigt – bald im In- und Ausland bekannt – bedeutete einen Schock für die T4-Verantwortlichen. Umgehend wurden die Tötungen eingestellt, ab 24. August 1941 wurde „lebensunwertes Leben" offiziell nicht mehr ausgelöscht. Die nun geschlossene Statistik von Bernburg verzeichnete zwischen November 1940 und August 1941 wie in Brandenburg über 9000 Todesopfer.

Hinter den Kulissen fanden die Ermordungen ihre Fortsetzung. Diverse Anstalten spezialisierten sich auf alternative Tötungsformen, man ließ Patienten verhungern, spritzte sie zu Tode oder man überdosierte die Medikamente entsprechend. War ein Transport in eine andere „Klinik" notwendig, wurde ein neuer Trick angewandt. Die Verlegung der Kranken wurde nun damit begründet, dass luftangriffgefährdete Gebiete geräumt werden müssten.

Laut Eberls eigener Notiz seien seit dem vorgeblichen Ende von T4 *"Desinfektionen nur in ganz geringem Umfange vorgenommen worden"*[97]. Im Oktober bemühte er sich um ein Treffen mit Hartheim-Chefarzt Lonauer, der ihm antwortete: *"so lange der Betrieb ruht und unsere weitere Tätigkeit so unklar ist, glaube ich kaum, daß wir sachlich viel zu besprechen haben."* Dennoch würde er sich über ein Treffen freuen, um *"das Laufende zu besprechen und ordentlich Wiedersehen zu feiern."*[98] Im Jänner 1942 war jedoch für Eberl bereits eine neue Aufgabe vorgesehen, er wurde zum Einsatz in die besetzten Ostgebiete befohlen.

Nachdem an die Stelle der großen Vergasungs-Zentren viele „Heil- und Pflegeanstalten" getreten waren, war für Erstere eine neue Aufgabe vorgesehen. Weiterhin im Einsatz blieben Bernburg, Hartheim und Sonnenstein. Sie führten nun die Aktion „14f13" durch. Dabei wurden größtenteils Häftlinge aus den Konzentrationslagern in die Anstalten transportiert und umgebracht. Die Beurkundung ihres Todes erfolgte aber in den Konzentrationslagern. „14f13" lautete das interne Aktenzeichen bei Inspektion der Konzentrationslager. Schon in seinem Organisationsplan Mitte 1941 vermerkte Eberl, dass *"die Anstalt Bernburg in nächster Zeit KL-Angehörige bearbeiten"* sollte:

"In diesem Falle ist mit den Leitern der einzelnen Konzentrations-Lager Verbindung aufzunehmen zwecks Besprechung der Organisation der Zuführung der KL-Angehörigen.
Im Allgemeinen wird von uns der Grundsatz vertreten, daß die KL-Angehörigen uns durch die SS zugeführt werden, da die Omnibusse voraussichtlich im Sondereinsatz Ost Verwendung finden und eine Abholung durch eigene Omnibusse nicht möglich ist. Bei der Bearbeitung im Büro habe ich unbedingt zur Pflicht gemacht, daß jeder einzelne KL-Angehörige im Krankenbuch aufscheint und daß über ihn eine Akte angelegt wird, die, da ja ein Schriftwechsel nicht zu erwarten ist, die Fotokopie beinhaltet.

Ebenso haben die Namen dieser KL-Angehörigen in der allgemeinen Kartei aufzuscheinen, damit sie jederzeit wieder auffindbar sind. Das Verfahren einer gesonderten Anlegung von KL-Akten und einer KL-Angehörigen-Kartei ist abzulehnen, da diese genau so als Patienten zu behandeln sind, wie alle anderen. Es entfällt lediglich die Beurkundung und der damit im Zusammenhang stehende Schriftwechsel, ansonsten ist kein Unterschied in der Bearbeitung."[99]

In Abwesenheit Eberls wurden die Transporte geplant und organisiert, aus verschiedenen Konzentrationslagern trafen Häftlinge ein. Allein aus Buchenwald kamen im Februar und März 1942 mehrere hundert Menschen, wie sich aus der Bernburger Korrespondenz ergibt. Die Ankünfte wurden genau koordiniert. An das KZ Groß Rosen erging die Mitteilung, den Ankunftstag 24. März 1942 zu wählen, weil man *„in der Zwischenzeit von anderen Konzentrationslagern beliefert"*[100] werde. Man kann sich also unschwer vorstellen, dass auch 1942 in Bernburg ein reger Vernichtungsbetrieb herrschte.

VII. „Rekordhalter" im Vergasen – Kommandant des Vernichtungslagers Treblinka

Ende 1941 äußerte Fritz Todt, Rüstungsminister bis zu seinem Tod im Februar 1942, gegenüber Hitler, Unterkünfte, Verpflegung und medizinische Betreuung der in Russland kämpfenden Truppen müssten verbessert werden. Aufgrund des kalten Winters stieß der Verwundetenrücktransport auf große Schwierigkeiten. Daraufhin wurden im Jänner 1942 zahlreiche T4-Mitarbeiter im Rahmen der „Organisation Todt" nach Osten entsandt. Unter ihnen war Irmfried Eberl. Seine Aufgabe war es, die zweite dieser von der KdF abgestellten Kolonnen nach Minsk zu führen. Wie einem Tätigkeitsbericht Eberls zu entnehmen ist, verließ die Einheit (5 Busse, 2 Sanitätskraftwagen, 1 Lkw, 1 Pkw) am 27. Jänner Berlin und kam am 1. Februar am Bestimmungsort Minsk an. Dort wurden die Ärzte und das Verwaltungs- bzw. Pflegepersonal auf verschiedene Einsatzorte verteilt. Eberl selbst blieb zunächst mit dem ehemaligen Grafeneck-Anstaltsleiter Schumann in Minsk, wo sie am Güterbahnhof eine Verbands- und Verpflegungsstelle aufbauten.[101] Nach Fertigstellung tat Eberl in einem Durchgangslazarett Dienst, einer einstigen Minsker Möbelfabrik. Ende Februar 1942 übernahm er die ärztliche Betreuung eines kleinen Lazaretts für Diätbedürftige, der einstigen Villa eines Sowjetkommissars, bei der Eberl den *„für Russland zweifellos fabelhaften Komfort"* rühmte.[102]

Eberl reagierte erfreut, als er in Minsk Post seiner Frau erhielt und antwortete Ruth am 15. Februar:

„Meine liebe Ruth!

Das war gestern abend eine Überraschung, als mir plötzlich Dein Brief vom 8. 2. gebracht wurde. Die erste Post, seit unserer Abfahrt. Da gestern früh andere Kameraden Post erhielten, die z. B. am 1. 2. in Königsberg aufgegeben worden war, hatte ich sämtliche Hoffnung aufgegeben, vor Ende des Monats überhaupt Post zu erhalten.

...

Wenn du übrigens mit Schreibmaschine geschriebene Briefe erhältst, sind diese nicht etwa diktiert, sondern ich schreibe diese auf der Maschine selbst, da wir eine derart fürchterliche Tinte haben, dass diese für Füllfeder nicht verwendbar ist und mit Bleistift zu schreiben ist sehr anstrengend, sodass ich gerne nach der Maschine schreibe.

Über Geld brauchst Du Dir keine Gedanken zu machen. Ich brauche hier kein Geld. Es ist ein geradezu paradiesischer Zustand. Man kann mit Geld hier ja überhaupt nichts anfangen."[103]

Weniger paradiesisch war die Situation der Verwundeten. Angesichts der neuesten Kriegsereignisse an der Ostfront schrieb Ruth, die Russen hätten das einige hundert Kilometer von Minsk entfernte Wjasma zurückerobert. Tatsächlich gab es einen Angriff, den die deutschen Soldaten erfolgreich abwehrten. Irmfried Eberl schilderte die Lage korrekt und holte anschließend zum patriotischen Gesang von Vaterlandsliebe und Soldatenlob aus:

„Was Du über Wjasma schreibst ist grosser Unsinn. Wjasma ist nach wie vor in unserer Hand. Der seinerzeit einmal erfolgte Einbruch der Russen in unsere Linien ist ebenfalls wieder zu Stehen gekommen, d. h. der Keil ist abgeschnürt worden und dort befindliche Divisionen sind von uns entweder bereits vernichtet worden oder werden in den nächsten Tagen vernichtet. Ausserdem scheinen die Russen auch Fallschirmtruppen gelandet zu haben, die unseren Nachschub etwas stören. Näheres ist darüber nicht bekannt, wird aber gemunkelt, sodass wohl irgend etwas wahres daran ist. Aber schlimm ist das Ganze nicht und wenn man unsere zum Teil schwer verwundeten Soldaten hört – die alle nur einen Gedanken haben, wann kommen wir wieder an die Front – dann möchte man jeden Defaitisten mindestens 3 mal in die Fresse hauen. Denn nicht im Ertragen der

schönen Tage mit berauschenden Siegen zeigt sich die Liebe zum Vaterland, sondern gerade im Durchhalten, auch wenn man einmal in der Sch..... liegt. Unsere Soldaten, die mit z. T. schlimmen Verwundungen und Erfrierungen von Vorne kommen, hätten wohl das erste Recht zu sagen – und das wäre auch verständlich – da wollen wir nicht wieder hin, aber gerade diese wissen, wie notwendig jeder Mann gebraucht wird und ihre Frage ist wie lange dauert die Ausheilung, damit ich wieder zu meiner Truppe kann. Daran sollen sich die Heimatstrategen erst einmal ein Beispiel nehmen. Was unsere Soldaten leisten, kann man mit Worten überhaupt nicht ausdrücken."[104]

Eberl ging es nicht ganz so schlecht. Einzig die Zusammenarbeit mit den jungen Ärzten der „Organisation Todt" und die nicht bestimmungsgemäße Verwendung seines Personals kritisierte er.

„Wir haben doch täglich unser Essen. Wir haben einen warmen, z. Zt. sogar ungemütlich warmen Ofen; dies beides ist ja hier auch das Wichtigste. Wärme, Essen und Trinken sind ja auch die wichtigsten Dinge zur Behaglichkeit. Wenn der Raum warm ist, wenn der Bauch voll ist, dann sieht man das Leben von einer ganz anderen Warte aus an. Während man in der Kälte bissig wie ein Wolf und bei Hunger reissend wie ein Tiger wird, wird man dann, wenn diese einfachen Lebensbedürfnisse befriedigt sind, zufrieden.

...

Die Zusammenarbeit mit den OT-Ärzten ist ausserordentlich schwierig, da dies zumeist junge Leute ohne praktische Erfahrung, mit einer grossen Schnauze begabt, sind. Diese treffen Anordnungen, die ohne Hand und Fuss sind. Aber wir – Dr. Schuhmann (Schumann, MG) und ich – lassen uns dadurch nicht beirren. Wir machen unseren Stiebel und kümmern uns wenig um die jungen Schnösels. Aber für unsere Leute, die wir mitgebracht, tut es uns leid, weil diese sich die Arbeit ganz anders gedacht haben. Nicht etwa unter besseren Verhältnissen. Diese könnten unseretwegen noch schlechter sein. Aber unsere Leute wollen im wesentlichen mit uns zusammenarbeiten und zwar pflegerisch. Statt dessen werden unsere Leute zum Teil zum Wachdienst usw. verwendet"[105].

Über diese Schwierigkeiten berichtete der selbst erst 31-jährige Eberl, der sich offensichtlich als Routinier wähnte, auch T4-Organisator Blankenburg. Ruth sollte Blankenburg persönlich ausrichten, man würde sich über seinen Besuch sehr freuen. An seine Kameraden nach Bernburg schrieb Eberl ebenfalls. Angesichts der „Töpfchenfrage" wird klar, wieso er das Diätkranken-Lazarett in der ehemaligen Villa so sehr zu schätzen wusste – dort gab es nämlich Toiletten. *"Eins jedoch schafft uns täglich neuen Kummer, manchmal auch zweimal am Tage, und das ist die "Töpfchenfrage". Wenn Ihr also in Be. (Bernburg, MG) Eure warm geheizten, für diesen Zweck vorgesehenen Räumlichkeiten aufsucht, dann denkt ein wenig an eure Kameraden und Kameradinnen, die ihre vier Buchstaben manchmal bei – 30 Grad in Freiheit dressiert produzieren müssen."*[106]

Mit dem Nachlassen der Kälte verbesserte sich die Situation der Verwundeten. Eberl berichtete Blankenburg am 3. März: *„Die Zahl der Verwundeten hat bedeutend nachgelassen. Ausserdem ist der Prozentsatz der Erfrierungen, der anfangs etwa 80% betrug, heute auf 10 – 20% zurückgegangen. Die Ausfälle durch Erfrierungen sind heute, wenigstens, was das bei uns durchgehende Krankengut anlangt, ziemlich gering. Ausserordentlich erfreulich war die Haltung der z. T. stark versehrten Kranken. Es gab eine grosse Zahl von Leuten, deren einziger Gedanke war, wann sie wieder zu ihren Kameraden könnten."*[107]

Ende März 1942 durfte Eberl für zwei Wochen nach Berlin zurückkehren und Heimaturlaub machen. Im Anschluss erhielt er die unheilvollste Funktion in seiner Laufbahn, die neue Kategorien in der massenhaften Vernichtung von Menschen erschließen sollte. Am 20. Jänner 1942 wurde auf der Wannsee-Konferenz in Berlin die „Endlösung" der Judenfrage erörtert, die hauptsächlich die knapp 2,3 Millionen Juden im Generalgouvernement betraf. In der als „Aktion Reinhard"[108] bekannt gewordenen Operation sollten die Juden in Vernichtungslager transportiert und dort ermordet werden. Im Gegensatz zu den Konzentrationslagern gab es dort keine Selektionen nach der Arbeitsfähigkeit. Der einzige Zweck dieser Geheimaktion war die Ermordung der Eingelieferten. Im Rahmen der „Aktion Reinhard" entstanden im besetzten Polen zunächst drei „Mordfabriken". Als erstes Vernichtungslager wurde Belzec im März 1942 fertig gestellt und in Betrieb genommen (Kommandant Christian Wirth). In Sobibor begannen die Massentötungen im April 1942, Lagerkommandant wurde der Oberösterreicher Franz Stangl, der schon in Bernburg tätig war. Irmfried Eberl war für den Aufbau des dritten Komplexes Treblinka zuständig und als Kommandant vorgesehen. Ende April befand sich Eberl im Lager Sobibor, um sich auf diese Aufgabe vorzubereiten. Er hatte mittlerweile den Dienstgrad eines SS-Untersturmführers inne. Aus Sobibor (Absendeadresse: „SS-Arbeitslager Sobibor") bestellte Eberl in Bernburg Medikamente, Instrumente und zwei Filzdecken: *„In der Anlage übersende ich Ihnen zwei Aufstellungen von Medikamenten und Instrumenten, die ich Sie zu besorgen bitte. Diese Dinge sind für das Lager hier und für mein Lager bestimmt und werden dringenst (sic) benötigt. ... Der Kurier soll beide Pakete, sowie die Arzneipakete nach Sobibor schaffen; dort erhält er bezüglich der Anschrift ... neue Weisung. Falls mein Lager noch nicht steht, soll er die Pakete in Sobibor lassen.*"[109]

Im Mai wurde in einem bevölkerungsarmen Gebiet südlich von Malkinia, einer Eisenbahnstation an der Hauptverbindungsstrecke Warschau – Bialystok, mit der Errichtung des Vernichtungslagers Treblinka begonnen. Die Arbeitskräfte waren Häftlinge aus dem 1941 in der Nähe erbauten Straflager Treblinka I und jüdische Zwangsarbeiter aus den umliegenden Städten; deutsche Firmen waren an den Arbeiten beteiligt. Auch aus dem

Warschauer Ghetto orderte Eberl Baumaterial, darunter Schalter, Nägel, Kabel und Tapeten.[110] Die Opfer errichteten also nicht nur die eigene Tötungsstätte, sie lieferten auch noch Material dafür.
Der geplante Fertigstellungstermin 1. Juli 1942 erwies sich als zu knapp kalkuliert. Aus Warschau schrieb Eberl am 29. Juni an seine Frau, dass er demnächst ins Lager Treblinka übersiedeln werde:

„*Meine liebe Ruth!*

Endlich komme ich wieder dazu, Dir einen Brief zu schreiben. Die letzten Tage waren eine tolle Hetzjagd, umsomehr als sich die Aufbauarbeiten dem Ende nähern und wir den Termin 1. 7. nicht halten können, aber nur so wenig als möglich überschreiten wollen. Durch verschiedene Vorkommnisse (Liegenbleiben von Wagen, Unfall, nicht zuletzt Papierkrieg) wurde die Fertigstellung verzögert. Du kannst Dir denken, welche Schwierigkeiten so entstehen. Wenn ich nicht durch Dich damals die Verbindung zu Thieme bekommen hätte und durch Thieme mit dem Dienststellenleiter (Insp. Mohr) bekannt geworden wäre, ich wüsste nicht, wie ich dies alles hätte schaffen können. ... Die O. T., die uns früher manchmal Wagen zur Verfügung stellte, kann dies nicht mehr tun, da sie nur mehr ganz grosse Wagen über 10 Tonnen Ladegewicht zur Verfügung hat. Berlin wird mir jetzt doch den Saurer schicken, der mir seinerzeit zugesichert war, aber nicht kam, weil ich inzwischen anderwärts einen Lkw zur Verfügung erhielt. So hat man nun immer seinen Ärger.
Ende vergangener Woche wollte ich Dir etwas schicken, aber der Kurier konnte, da er keine Koffer hatte, nichts mitnehmen. Nun werde ich versuchen, diese Woche etwas zu schicken. Bitte gib mir dann Bescheid, wann Du nach Marienbad fährst. Im Laufe dieser Woche werde ich dann endgültig nach T. übersiedeln. Meine dortige Anschrift ist:
SS-Untersturmführer Dr. Eberl, Treblinka b/Malkinia, SS-Sonderkommando.

Du kannst dabei über Feldpost schreiben. Päckchen oder sonstige Sachen schickst du besser über Berlin: Anschrift: SS-Untersturmführer Dr. Eberl, Berlin W 35, Tiergartenstr. 4 (Osteinsatz).

Mir persönlich geht es ausgezeichnet. Es ist viel Betrieb und das macht mir Spass. Ich freue mich, dass Du endlich nach Marienbad gehst und etwas für Deine Gesundheit tust. Es ist ja wirklich notwendig. Dein Laden muss das eben einsehen. Damit ist ja auch nichts getan, dass Du Dich im Dienst aufreibst und Dir dabei dann einen Knacks wegholst, wofür Dir nämlich dann niemand etwas gibt.

Ich habe mich jetzt etwas mit dem Inspektor Mohr angefreundet, der ein sehr netter Kerl ist. ... Er ist auch 6 Jahre verheiratet und hat noch keine Kinder. Er sagte mir, dass er habe einen Freund in Berlin, der für diese Sachen Fachmann wäre, und er habe damals mit Dir gesprochen und Dir den Namen dieses Kollegen angegeben."[111]

Aus diesem Brief geht hervor, dass Ruth Eberl in Berlin nach wie vor über wichtige Kontakte verfügte, die Irmfried noch bei diesem Einsatz von Nutzen waren. Aussagekräftig sind auch die zwei abweichenden Adressen. Man muss hierzu wissen, dass die KdF für das T4-Personal im Osten umfassend zuständig blieb, von der Gehaltszahlung bis zur Postzustellung. Bei den von einem Kurier zugestellten Paketen war somit in hohem Maße gewährleistet, dass das ungleich wichtigere Versandgut verlässlich ankam. Die weniger bedeutende Korrespondenz konnte über die Feldpost erledigt werden.

Wie fanatisch Eberl seine Aufgabe verfolgte, zeigt sich daran, dass er sich trotz der „tollen Hetzjagd" sehr wohl fühlte und dabei „Spaß" empfand. Das alles klingt nicht nach einem Mann, den angesichts der baldigen Massenvernichtung große Gewissensbisse plagten. Zuletzt gibt das Schreiben Auskunft über die persönliche Situation des Ehepaars Eberl. Wegen des gemeinsamen Kinderwunsches, der noch nicht Realität geworden war, solle sich Ruth an einen mit dem Kameraden Mohr befreundeten Berliner Spezialisten wenden.

Am 11. Juli 1942 war das Lager fertig gestellt. Es befand sich in etwa vier Kilometer Entfernung des Ortes und der Eisenbahnstation Treblinka. Zu Geheimhaltungszwecken wurde eine dicht bewaldete Gegend gewählt, die keine Einblicke gewähren sollte. Abgesehen von den Lagergebäuden und Gaskammern war ein Nebengleis vom Lager zur nahe gelegenen Eisenbahnstation verlegt worden. Auf dem Gelände waren riesige Gruben ausgehoben worden, die späteren Massengräber. Das in einem Rechteck von 400 Meter Breite und 600 Meter Länge angelegte Lager war von zwei Stacheldrahtzäunen und acht Meter hohen Wachtürmen an den Ecken des Lagers umgeben. Treblinka setzte sich aus drei Bereichen zusammen – für Unterkünfte, Transportankünfte und den Vernichtungsprozess. Auf dem Gelände befanden sich Unterkünfte für die Wachen, Büros, Werkstätten und Lagerräume. In einem weiteren eigenen Bereich befanden sich die Wohnbaracken und Werkstätten der als Schneider, Schuster oder Tischler arbeitenden Gefangenen. Auf dem Umschlagplatz neben Gleis und Rampe mussten die Herantransportierten ihre Kleider ablegen. In zwei Lagerräumen wurden die Wertsachen der Opfer sortiert und aufbewahrt. Im sogenannten „oberen Lager" befand sich der Vernichtungstrakt. Dieses 200 mal 250 Meter große Gelände war komplett eingezäunt. Dort befand sich ein Backsteingebäude mit drei Gaskammern (je vier mal vier Meter Umfang). In einem angrenzenden Schuppen wurde von einem Dieselmotor Kohlenmonoxyd produziert, über als Duschen getarnte Röhren wurde das Gas eingeleitet. Jede Gaskammer hatte eine weitere Tür, die zur Entfernung der Leichen diente. 150 bis 200 Meter entfernt wurden die Leichen in riesigen Gruben vergraben. Davor wurde untersucht, ob sie noch Wertgegenstände irgendwo am Körper trugen. Ein besonderes Augenmerk wurde auf Zahngold gelegt, bei Frauen suchte man sogar die Genitalien ab. In den Vernichtungstrakt gelangte man über einen schmalen Weg,

„Schlauch" genannt: diesen mussten die jüdischen Opfer auf dem Weg zur Vernichtung nackt durchschreiten.[112]

Am 23. Juli 1942 rollten die ersten Transporte an, es waren Juden aus dem Warschauer Ghetto, die umgehend ermordet wurden. Was sich in den nächsten Wochen im Lager abspielte, übertrifft die Kategorien des menschlich Fassbaren. Die in Treblinka Getöteten kamen aus den umliegenden Gegenden, den Ankömmlingen wurde gesagt, sie hätten ein Durchgangslager erreicht. Vor dem Weitertransport müssten sie duschen, ihre Kleidung werde desinfiziert. Enorme Menschenmengen wurden ins Lager transportiert, täglich Tausende. Mit einem solchen Ansturm rechnete selbst Eberl nicht. Ihm werde physisch und psychisch alles abverlangt, schrieb er seiner Ruth nach einwöchiger Amtszeit, doch seine Aufgabe werde er „meistern", unter rücksichtslosem Einsatz seines ohnehin knappen Personals:

„Dass ich in der letzten Zeit etwas wenig geschrieben (habe, MG) weiss ich, konnte dies aber nicht ändern, da die letzten Warschauer Wochen von einer Hetze begleitet waren, die unvorstellbar war, ebenso hat hier in Treblinka ein Tempo eingesetzt, das geradezu atemberaubend ist. Wenn ich vier Teile hätte und der Tag 100 Stunden, dann würde das wahrscheinlich auch noch nicht ganz reichen. Aus diesem Grunde kam ich und werde auch nicht so häufig zum Schreiben kommen, wie Du es vielleicht gerne hättest und wie ich es gerne täte. Du kannst überzeugt sein, dass ich viel und oft an Dich denke, aber einfach nicht die Zeit und die Musse habe, um zu schreiben. Wenn man, wie in der letzten Woche von früh bis spät und von spät bis früh auf den Beinen ist, in der Nacht vielleicht 3-4 Stunden schläft, die restlichen Schlafstunden sich tagsüber zusammenstielt (sic), die wenigen Schlafstunden ausserdem noch durch die Quälerei durch Läuse, Flöhe usw. versüsst werden, dann kannst Du mir wahrhaftig glauben, dass man vielleicht manchmal die wenigen Minuten für ein Lebenszeichen auf-

bringen könnte, dass aber dann die Musse dazu fehlt. Wenn ich mit Dir, der Du doch mein liebster Kamerad bist, Zwiesprache halten will, dann will ich mit Dir denken, fühlen und mit Dir verbunden sein, aber ich will Dich dann nicht mit Schmutz und Dreck belasten. Ich habe nun mit der Zeit Nerven aus Stahl bekommen. Dass meine Nerven versagen können, kommt nicht in Frage. Noch viel weniger, dass ich physisch versagen könnte. Es ist mir, allerdings unter rücksichtslosem Einsatz meiner Person gelungen, in den letzten Tagen mit nur dem halben Personal meine Aufgabe zu meistern. Allerdings habe ich auch meine Leute rücksichtslos überall eingesetzt, wo es nötig war und meine Leute haben wacker mitgezogen. Und auf diese Leistung bin ich froh und stolz. Nun brauche ich nur noch von Deiner Seite das nötige Verständnis. Du sollst nicht glauben, dass ich etwa nicht oft und gerne an Dich denke. Wenn mich nachts die Flöhe pisacken, dann denke ich oft an mein schönes Heim in Berlin. Und wenn ich mir tagsüber die Kehle heiser schreie, an die Ruhe und an den Frieden zu Hause. Aber die Aufgabe, die mir gestellt ist, wird restlos geschafft und das ist die Hauptsache. Und meine liebe Katze, sei mir nicht böse, wenn ich mal schweige, ich denke oft und viel an Dich, aber man kann sich nicht immer hinsetzen und Briefe schreiben. Denn da Du die schöne Seite in meinem Leben darstellst, sollst Du von allem nichts wissen."[113]

Zu diesem Zeitpunkt waren bereits Zehntausende ins Gas geschickt worden. Es mag schockieren, wenn jemand angesichts solcher Taten davon spricht, „froh und stolz" auf seine „Leistung" zu sein. Für den äußerst parteitreuen Eberl hatte jedoch die radikale Pflichterfüllung oberste Priorität. Eberl gelang es, alle Widerstände der Psyche zu brechen, die er offensichtlich leichter loswurde als die Läuse und Flöhe, die ihn nachts plagten. Einen besonderen Beigeschmack bekommen Eberls Worte, wenn man sich vor Augen führt, dass diese Bezeichnungen im NS-Vokabular synonym für Juden und andere „Volksschädlinge" standen. Interessant ist dieser Brief aber auch deshalb, weil er die einzige – wenn auch indirekte – kom-

mentierende Stellungnahme Eberls zur Massenvernichtung enthält. Im Schlusssatz des Briefes offenbarte er Ruth zumindest eine Ahnung der schrecklichen Vorgänge in Treblinka: *„Denn da Du die schöne Seite in meinem Leben darstellst, sollst Du von allem nichts wissen."*
Ein bisher von der Forschung unberücksichtigtes Dokument, ein handschriftlicher Brief Irmfried Eberls an Ruth vom 3. August 1942, lässt neue Rückschlüsse über das zu, was in den darauf folgenden Wochen in Treblinka vor sich gegangen ist. Eberl erwähnte in dem großteils belanglosen Schreiben seine gute Gemütsverfassung, kam jedoch auch auf eine Inspektion des Lagers zu sprechen: *„Hier geht alles seinen gewohnten Gang. Am Sonnabend war große Besichtigung, die zur Zufriedenheit ausfiel. Ich bekam dabei ein großes Lob ausgesprochen, was mich natürlich sehr freute."*[114] Bei der Inspektion, die folgerichtig auf den 1. August 1942, einen Samstag, zu datieren ist, dürfte der Vernichtungsablauf noch einer gewissen Kontrolle Eberls unterlegen sein. Am selben Tag trat der bisherige Belzec-Kommandant Christian Wirth seinen neuen Posten als Inspektor der drei Vernichtungslager an.

In den nächsten drei Wochen brachen in Treblinka alle Dämme. Die dorthin geschickten Transporte überstiegen die Dimensionen des Machbaren. Odilo Globocnik, SS- und Polizeiführer von Lublin und Koordinator der „Aktion Reinhard", hat laut Bericht des SS-Mannes Kurt Gerstein am 17. August 1942 von einer Höchstkapazität von 25.000 möglichen Opfern pro Tag gesprochen[115] – eine Fehleinschätzung. Außerdem drängten Hitler und Himmler bei einem Besuch Mitte August auf eine schnellere Durchführung der Aktion.

Der spätere Wiener Vizebürgermeister Hubert Pfoch, damals als Soldat unterwegs nach Russland, führte ein geheimes Tagebuch. Er hatte Gelegenheit, einen Transport nach Treblinka zu beobachten. Am 23. August 1942 notierte er:

"grade munter, als wir ganz knapp vor den Juden vorbeifahren; es sind lauter Ostjuden, abgemagert, zerlumpt, sie haben schon 2 Tage kein Essen oder Wasser erhalten. ... Entsetzliche Szenen gab es beim Verladen in die Viehwagen. 180 Juden in einem Waggon ... Die Eltern in den einen, die Kinder in den andern, und ständig krachen die Schüsse der Wachmannschaft, die aus ukrainischen Freiwilligen besteht. Als glücklich alles verladen ist, schreit man aus jedem Waggon um Wasser, prosim wodi, bitte Wasser, für meinen goldenen Ring, für 5000 Zloty, das sind 2500 Reichsmark, Uhren etc. werden angeboten für ein Glas Wasser. Als dann die ersten durch die Lücken der Waggons klettern und erschöpft im Sande liegen, werden sie erschossen, so daß ein Massaker entstand, daß es jeden von uns ekelte, und ein Blutbad, wie ich es noch nie gesehen habe. ... Frauen rufen uns zu »Bitte erschießen Sie mich!«, »Bitte hierher schießen!«.

Ein Protest unseres Leutnants gegen diese grausame Vorgangsweise – mit dem Hinweis »eines deutschen Soldaten unwürdig« »Demoralisierung der Kampfmoral einer an die Front unterwegs befindlichen Truppe« wird von dem befehlshabenden höheren SS Offizier in der Weise quittiert, daß er droht einen Waggon für uns »Ostmärkler« anhängen zu lassen, damit wir mit den Juden und Kriegsverursachern gemeinsam Treblinka kennenlernen.

...

Unmittelbar nachdem der Judentransport den Bahnhof verlassen hatte, wird auch unser Transport in Marsch gesetzt. Wir fahren hinter dem Judentransport und sehen immer wieder links und rechts vom Bahnkörper tote Menschen: Greise, Kinder, Frauen und Männer. Treblinka, sagt man uns, ist ein jüdisches »Entlausungslager«. Auf der Fahrt dorthin folgen wir dem Zug. Ein Leichengeruch liegt in der Luft, daß uns das Brechen ankommt. Am Bahnhof Treblinka liegen wir wieder neben dem Judentransport, wo noch heißer der Ruf nach Wasser erklingt; noch immer schießen die Posten wahllos in die Juden. 300000 hat man hier zusammengesammelt – täglich werden 10000 – 15000 mit Gas vergiftet"[116].

Das Lagerpersonal konnte mit dem Tempo der Transporte nicht mehr länger mithalten, doch Eberl wollte offensichtlich ein unerreichbares Pensum erfüllen. Nur eine rechtzeitige Reduzierung der Transportzahlen hätte den gewohnten Lagerbetrieb aufrechterhalten lassen, im Lager aber herrschte Chaos. Die Irreführung der Opfer war nicht mehr länger möglich, weil die Ankommenden die Leichenberge derer sahen, die noch nicht vergraben waren. So versagte Eberl, der einzige Arzt, der jemals Kommandant eines NS-Vernichtungslagers war, erstmals in seiner steilen wie unheilvollen Karriere. Wirth sorgte dafür, dass Eberl ersetzt wurde; sein Nachfolger war der bisherige Leiter von Sobibor, Franz Stangl, der sich dort bewährt hatte. Eberls Ablöse kann mit großer Wahrscheinlichkeit auf Ende August 1942 datiert werden. Die gut informierte Ruth wusste davon bereits am 24. August 1942, in einem kurzen Brief an Irmfried erwähnte sie beiläufig den *„Schluss Deiner Tätigkeit in Treblinka"*[117].

Im Urteil des Düsseldorfer Prozesses gegen mehrere Treblinka-Aufseher (1965) wird Eberls Ablöse damit begründet, dass

„ ... er seiner Aufgabe nicht gewachsen war und in seinem Lager unbeschreibliche Zustände herrschten, da er immer wieder Juden der Tötung zuführte, bevor die Leichen der bei der vorangegangenen Aktion getöteten Opfer beseitigt bzw. bestattet waren. Die aus den Transportzügen aussteigenden Juden wurden daher schon gleich nach dem Verlassen der Waggons mit Bergen unzähliger, teilweise bereits weitgehend in Verwesung übergegangener Leichen konfrontiert und waren sich deshalb alsbald über ihr bevorstehendes Schicksal im klaren, so daß sie nur unter den größten Schwierigkeiten der weiteren Abwicklung zugeführt werden konnten."[118]

Dem nach dem Krieg geflüchteten Stangl wurde erst 1970 der Prozess gemacht (er versteckte sich in Brasilien, wo er 1967 verhaftet wurde). Stangl, in die Bundesrepublik Deutschland ausgeliefert und in Düsseldorf zu lebenslanger Haft verurteilt, gab der Journalistin Gitta Sereny kurz vor seinem Tod 1971 Informationen über die Lage in Treblinka zur Zeit der Abberufung Eberls. Laut eigener Aussage war selbst Stangl, wohlgemerkt Kommandant eines Vernichtungslagers, geschockt: *„Treblinka an diesem Tag war das Fürchterlichste, das ich während der ganzen Zeit des Dritten Reichs gesehen habe ... Es war Dantes Inferno ... Der Geruch war unbeschreiblich: Hunderte, nein Tausende verwesender, zerfallender Leichen."*[119] Stangl berichtete auch über Gerüchte, wonach Eberl nackte Jüdinnen auf den Tischen tanzen habe lassen. Der zum Lagerpersonal gehörende SS-Mann Franz Suchomel präzisierte: *„Das ist unwahr. Wahr ist, daß Eberl einmal, in besoffenem Zustand, eine Ballett-Tänzerin in der Küche nackt tanzen ließ. Er hatte ihr befohlen, sich auszuziehen – was sie widerwillig tat. Als Wirth später von diesem Vorfall hörte, ließ er das arme Mädchen erschießen."*[120]

Vermutlich gab es neben dem unbändigen Chaos noch einen weiteren Grund, weshalb Eberl das Kommando entzogen wurde. Globocnik, so Stangl, habe ihn nach Warschau befohlen und ihm gesagt, er müsse in Treblinka recherchieren, wo die Wertgegenstände der Juden blieben – die üblicherweise nach der Beschlagnahme an Globocnik gingen. Entweder hat Eberl in seinen sechs Wochen Amtszeit Geld und Wertsachen im Lager belassen, oder – die wahrscheinlichere Variante (die auch Stangl vertrat) – das Geld nach Berlin geschickt. Eberl, der eine Zwitterstellung zwischen T4 und Globocniks „Aktion Reinhard" einnahm, hätte sich demnach verpflichtet gefühlt, das Geld direkt an die KdF zu schicken, was Globocnik missfiel.[121]

Während Eberl wieder nach Bernburg zurückkehrte, reorganisierten Wirth und Stangl den Lagerbetrieb. Die Opferbilanz während Eberls kurzer Amtszeit in Treblinka ist dermaßen gewaltig, dass sich selbst innerhalb des Holocaust nichts Vergleichbares findet:

Treblinka		Auschwitz	
Zeitraum	*Opferzahl*	*Zeitraum*	*Opferzahl*
22. Juli – Ende August 1942 (Komm. Eberl)	280.000[1]	Mai – Oktober 1944	500.000[2]
22. Juli 1942 – Herbst 1943 (Existenz des Lagers)	900.000[1]	Juni 1940 – Jänner 1945 (Existenz des Lagers)	mind. 1,1 Mio.[1]

[1] Quelle: Lexikon des Holocaust (2002)
[2] Quelle: Auschwitz-Prozess am LG Düsseldorf (1965)

Vergleicht man die Mordmaschinerie Treblinka mit Auschwitz – dem Synonym für den Genozid an den Juden – werden die Dimensionen deutlicher. Selbst zum Höhepunkt der Vergasungen im Vernichtungsteil Auschwitz-Birkenau wurden 1944 in sechs Monaten rund 500.000 Menschen getötet, in Treblinka waren es während Irmfried Eberls Kommando innert sechs Wochen 280.000. Dazu kommt, dass diese Werte unter der Leitung Stangls – relativ gesehen – nicht annähernd erreicht wurden, und das, obwohl die Vernichtungskapazität durch den Bau neuer Gaskammern erheblich erweitert wurde. Betrachtet man nun die wissenschaftlich fundierte Zahl von insgesamt etwa sechs Millionen Holocaust-Opfern, ist festzustellen, dass in Eberls sechswöchige Zuständigkeit über 4,6 % der ermordeten Juden fallen. Die letzte Vergleichszahl: Das Bundesland Vorarlberg, Eberls Heimat, zählte 1939 etwa 158.000 Einwohner.

Die Geschichte des Vernichtungslagers Treblinka setzte sich nach Eberls Abgang fort. Eine der ersten Maßnahmen, die Stangl vorschlug, war das Aufstellen von Kübeln im „Schlauch", dem Weg in die Gaskammern. Stangl hatte dies in Sobibor praktiziert, weil die Opfer, vor allem Frauen, in ihrer panischen Angst nicht mehr in der Lage waren, Harn und Stuhl zurückzuhalten. Dazu muss gesagt werden, dass die Opfer mit Peitschen- und Kolbenhieben, Stock- und Faustschlägen in die Gaskammern getrieben wurden, die dann regelrecht mit Menschen vollgepresst wurden. Der von Augenzeugen immer wieder als besonders grausam beschriebene Wirth habe darauf geantwortet: *"Es schert mich einen Dreck, was Sie in Sobibor mit der Scheiße gemacht haben. Sollen die sich doch anscheißen. Das kann nachher saubergemacht werden."*[122]

In dem von 20 – 30 großteils T4-erfahrenen SS-Leuten beaufsichtigten Lager, wo außerdem noch etwa 100 vorwiegend ukrainische Wachmänner Dienst taten (sogenannte „Trawniki"-Männer, nach dem SS-Ausbildungslager nahe Lublin, in dem sie eingeschult wurden), kam es im Rahmen der Reorganisation ab Ende August 1942 zu einigen Veränderungen. Frauen wurden die Haare geschoren, bevor sie nackt in den Schlauch getrieben wurden. Ein neues, im Oktober 1942 fertig gestelltes „Gashaus" mit weiteren Gaskammern wurde gebaut, das System der Täuschung perfektioniert. Im Winter 1942 ließ Stangl eine Bahnhofsattrappe errichten, mit Fahrkartenschaltern, Fahrplänen, Richtungsschildern und Bahnhofsuhr. Den Betrieb beschleunigte auch die Aussortierung von Schwachen und Kranken, denen gesagt wurde, sie kämen in ein Lazarett. Tatsächlich wurden sie in einem abgelegenen Bereich, über dem die Rotkreuzfahne wehte, vor einem Graben erschossen. So gelang eine Ökonomisierung des Vernichtungsprozesses: vom Eintreffen der Waggons bis zur Ermordung der Juden vergingen zur Anfangszeit des Lagers drei bis vier Stunden, später nur noch ein bis zwei Stunden. Im Frühjahr 1943 änderte man die Bestattungsart auf Verbrennen, um die Spuren zu verwischen. Im Zuge dessen wurden die Massengräber (Fassungsvermögen bis zu 80.000 Menschen) geöffnet, die Leichen mit einem Bagger ausgehoben und auf Rosten verbrannt.

Scheinbar genügte es nicht, die Eingelieferten grausam zu ermorden, sie mussten auch noch gründlich verhöhnt werden. Waren sie in die Gaskammern gezwängt, rief der zuständige SS-Kommandoführer einem Trawniki-Mann zu, den Motor anzuwerfen. Dafür wurde des Öfteren das Kommando „Wasser" verwendet. Den Eingang zu den neuen Gaskammern schloss ein aus einer Synagoge stammender Vorhang ab, der in hebräischer Schrift das Tor bezeichnete, in das die Gerechten Eingang finden sollten. Folterungen waren die Regel, als Schrecken des Lagers galt der 1965 zu lebenslanger Haft verurteilte Kurt Franz, Stangls Stellvertreter. Franz legte einen bestialischen Sadismus an den Tag. Er erfand „Strafläufe", in denen Häftlinge, die Arbeitskommandos angehörten, durchs Lager gepeitscht wurden, wobei diejenigen, die zusammenbrachen, erschossen wurden. Ebenso führte er den „Prügelbock" ein: aus willkürlichen Anlässen wurden Arbeitshäftlinge festgeschnallt und ausgepeitscht, teilweise bis der Tod eintrat:

„Geschlagen wurde von den Angehörigen des deutschen Lagerpersonals oder zuweilen auch von den ukrainischen Wachleuten mit den zur Ausrüstung gehörenden Lederpeitschen auf das Gesäß des Häftlings, das in vielen Fällen noch entblößt werden mußte. Die Zahl der Schläge betrug je nach der Schwere des angeblichen Delikts und der Laune des die Strafe verhängenden SS-Mannes in der Regel zwischen 25 und 50, ging aber in Einzelfällen über diese Zahl hinaus. Der betroffene Häftling hatte die auf ihn niederprasselnden Schläge laut mitzuzählen. Verzählte er sich oder konnte er vor Schmerzen nicht mehr weiter zählen, begann die Prozedur von neuem, bis es klappte. Diejenigen Häftlinge, die eine derartige Bestrafung nicht ohne Beeinträchtigung ihrer Arbeitskraft durchstehen konnten, kamen anschließend oder am nächsten Morgen, wenn sie nicht zur Arbeit antreten konnten, ins Lazarett und wurden dort liquidiert."[123]

Im Winter 1942/43 befahl Franz mehrere Hinrichtungen, wobei die Opfer bis zum Tod nackt an den Beinen aufgehängt wurden. Einige erhielten nach eingetretener Bewusstlosigkeit einen Kopfschuss. Andere Häftlinge wurden dazu verdonnert, die Tragödie mit anzusehen. Zuletzt sei der Hund von Franz erwähnt, ein Bernhardiner-Mischling namens Barry. Diesen hetzte Franz nach Lust und Laune auf die Häftlinge. Der Hund entwickelte sich zur reißenden Bestie, verstümmelte die Opfer schwer, zum Teil biss er ihnen sogar das Geschlechtsteil ab. *„Stand Barry bei einer Abwesenheit des Angeklagten Franz nicht unter dessen Einfluß, so war er nicht wiederzuerkennen. Man konnte ihn streicheln und sich sogar mit ihm necken, ohne daß er jemandem etwas tat."*[124] Erst der berühmte Verhaltensforscher Konrad Lorenz, der im Prozess gegen Franz als Sachverständiger unter Eid gehört wurde, konnte den Widerspruch erklären, indem er die Wandelbarkeit des Hundes aufzeigte. Dessen Verhalten sei allein vom Verhalten des Halters im entsprechenden Augenblick abhängig. Häufig wurden die von Barry attackierten Opfer von Franz selbst oder auf dessen Befehl erschossen. Nach der Trennung von Franz habe der Hund nie wieder jemandem etwas zu Leide getan.

Trotz dieses Umfelds des Grauens gab es ein Unterhaltungsprogramm im Lager, das während der Ära Stangl forciert wurde. 1943 trat zu mehreren größeren – meist von Franz organisierten – Anlässen wie Boxkämpfen, Theaterstücken oder Tänzen das Lagerorchester auf, während die bei den Leichenverbrennungen entstandenen Flammen Richtung Himmel loderten. Die Aufseher lebten luxuriös, hatten reichlich Alkohol zur Verfügung, Arbeitshäftlinge schneiderten ihnen aus den beschlagnahmten Stoffen Kleidung. Sogar einen Lagerzoo mit Pferden, Rehen, Füchsen und anderen in Polen heimischen Tieren ließ Stangl errichten – das Lager-Schmuckstück sollte der deutschen SS-Mannschaft zu Erholungszwecken dienen.
Stangl, der seine Tätigkeit meist in einem edlen weißen Reitanzug ausübte, mimte nach dem Krieg den Unschuldigen, indem er sich als Befehls-

empfänger darstellte, der gehorchen musste. Richtig ist, dass Stangl den direkten Kontakt zur Vernichtung eher vermied und diese Aufgaben an Franz delegierte. Allerdings ist beispielsweise erwiesen, dass Stangl einen religiösen Arbeitsjuden im Lager quälte, indem er ihm freitags Schweinefleisch mit den Worten auftischte: „*Hier sind Würste für dich, um den Sabbat zu feiern.*"[125]

Fluchtversuche, die schon beim Transport begannen, waren selten von Erfolg gekrönt. Viele starben beim Abspringen vom fahrenden Zug, Überlebende wurden durch die Bahnpolizei gestellt. Diejenigen, die ein Ghetto erreichten, führte die Deportation wiederum in ein Vernichtungslager. Auch unter den Arbeitshäftlingen des Lagers gab es den Versuch zu fliehen – durch Überwindung des Zauns oder Verstecken in einem Transport mit Wertsachen. Mit Verstärkung der Sicherheitsbestimmungen und Einführung abschreckender Maßnahmen wie Erschießungen von anderen Häftlingen im Falle eines Fluchtversuchs wurden diese Ambitionen seltener. Der Widerstand der Gefangenen beschränkte sich zunächst auf kleinere Aktionen, in denen Aufseher getötet oder verletzt wurden. Anfang 1943 bildete sich eine Widerstandsgruppe, die am 2. August 1943 den Aufstand wagte, als sich die Vergasungen dem Ende näherten. Bei diesem Unternehmen gelang etwa 70 von 750 Häftlingen die Flucht. Ein Teil der verbliebenen Internierten wurde erschossen, die anderen beim nun erfolgten Abbau des Lagers verwendet und anschließend ebenfalls getötet. Das Gelände wurde umgepflügt und neu bepflanzt. Zudem wurde ein Bauernhof errichtet, der den Eindruck einer gewöhnlichen Umgebung verstärken sollte. Die Übergabe des Hofs an eine ukrainische Bauernfamilie im November 1943 markierte das Ende des Vernichtungslagers.

VIII. Rückkehr, Kriegseinsatz und Kriegsgefangenschaft

Eberl wurde nach seiner Versetzung aus Treblinka an seine alte Wirkungsstätte nach Bernburg zurückbeordert. Am 16. April 1942, noch vor seinem Aufenthalt in Sobibor, richtete er einen Brief an Prof. Paul Nitsche, den medizinischen Leiter des „Euthanasie"-Programms. Damit wollte er erreichen, auch in Bernburg eingehende Untersuchungen an den Getöteten durchzuführen. Zumindest weniger interessantes „Material", das für Professor Hallervorden in Berlin wertlos war, wollte Eberl zur Schulung des ärztlichen Nachwuchses vor Ort „verwerten".

„Als seinerzeit die Frage der Sektion angeschnitten wurde, gab Herr Professor Heyde als Richtung an, dass die wissenschaftliche Auswertung des anfallenden Materials zu einem nicht unerheblichen Teil in den Anstalten selbst erfolgen sollte. Er hatte damals die Meinung vertreten, dass zu diesem Zwecke Pathologen den Anstalten beigegeben werden sollten, die die wissenschaftliche Auswertung in den Anstalten selbst übernehmen sollten. Späterhin ist dieser Gedanke aus mir nicht bekannten Gründen fallen gelassen worden. Es wurde lediglich angeordnet, dass die Gehirne konserviert und aufbewahrt werden sollten. Das anfallende Material sollte dann irgendwelchen wissenschaftlichen Instituten zur weiteren Verwertung übergeben werden.

...

Ich glaube, dass auch in dieser Richtung wenigstens für Bernburg und wenigstens für die Fälle, für die seitens Professor Hallervorden kein besonderes Interesse besteht, das seinerzeit von Professor Heyde ausgesprochene Verbot gelockert werden könnte; denn ich kann es nicht ohne weiteres begreifen, dass unseren Assistenten keine Gelegenheit zur Weiterbildung auf einem Gebiet, das sie selbst interessiert, gegeben sein soll."[126]

Bunke kommentierte dieses Schreiben mit den Worten: „*Dr. Eberl will hier, übrigens typisch für ihn, viel weiter gehen und die gesamte Untersuchung dort vornehmen.*"[127] Mit der Abstellung ins Vernichtungslager waren Eberls diesbezügliche Pläne auf Eis gelegt. Bei seiner Rückkehr nach Bernburg im Herbst 1942 hatten die Vergasungen längst ihren Höhepunkt überschritten. Deshalb organisierte er im Jänner 1943 auf Anweisung der T4-Zentrale die Entlassung von 25 in Bernburg Beschäftigten, „*damit diese zum 31. März 1943 entweder der Wehrmacht oder ihren alten Dienststellen oder der freien Wirtschaft zur Verfügung gestellt werden können.*"[128] Eine Personalangelegenheit beweist auch, dass Eberl trotz seines Versagens in Treblinka bei T4 noch ein gewichtiges Wort mitzureden hatte. Im Jänner 1943 sollte Bernburg-Büroleiter Hirche nach Hartheim versetzt und durch den zwischendurch aus Bernburg abkommandierten Godenschweig ersetzt werden. Um Godenschweigs Versetzung nach Bernburg zu verhindern, ließ sich Eberl auf einen Machtkampf mit Nitsche ein. Er wollte Hirche nicht ziehen lassen, selbst Nitsches Vorwurf der Insubordination hielt Eberl nicht davon ab, „schärfsten Protest"[129] zu äußern. Das Duell in der Berliner KdF am 27. Jänner 1943 endete mit einem Kompromiss. An Hirche schrieb Eberl einen Tag später, dass es ihm zwar nicht gelungen sei, diesen in Bernburg zu halten, aber andererseits „*die Abkommandierung Godenschweigs nach Bernburg zu verhindern. Die Aufgaben sind damit auf mich übergegangen ... Für Deine Tätigkeit in Hartheim wünsche ich Dir viel Erfolg und viel Freude!*"[130] Außerdem stellte ihm Eberl eine baldige Rückkehr nach Bernburg in Aussicht.

Die Judenfrage war Eberl ein besonderes Anliegen – er kontaktierte den Leiter des Amts für Volksgesundheit im Gau Magdeburg-Anhalt, Gustav Schmischke, den Eberl aus seiner Dessauer Zeit kannte. Eberl bot sich an, um Vorträge über rassenpolitische Fragen zu halten. Dazu müsse er aber erst Mitarbeiter des Rassenpolitischen Amtes werden, entgegnete ihm Schmischke am 13. März 1943. Der empfahl Eberl auch entsprechende

Fachliteratur, die damals gängigen Standardwerke (das „Handbuch der Judenfrage" von Theodor Fritsch und „Menschliche Erblichkeitslehre und Rassenhygiene", kurz Bauer – Fischer – Lenz), aus heutiger Sicht übelste pseudowissenschaftliche Rassenpropaganda.[131] Zur selben Zeit leistete Eberl auch seinen praktischen Beitrag zur Vernichtung von Juden. Neben den zu Ende gehenden Ermordungen im Zuge der „14f13"-Transporte übernahm Eberl im März 1943 die Verbrennung von KZ-Leichen ohne Totenschein, die aus dem Buchenwalder Außenlager „Junkerswerke Schönebeck/Elbe" stammten. Das „außergewöhnliche Verständnis und Entgegenkommen" Eberls überraschte angesichts der sonstigen Probleme selbst den Buchenwalder Lagerarzt Dr. Waldemar Hoven.[132] Im Frühjahr 1943 wurde die Tötungsanstalt Bernburg aufgelöst, der Bürobetrieb blieb dagegen bis mindestens Juli 1943 aufrecht. Die Bilanz der Mordstätte: über 14.000 Opfer. Während auch Sonnenstein 1943 die Tötungen einstellte, wurde in Hartheim – der letzten großen „Euthanasie"-Anstalt – noch bis Ende 1944 gemordet.

Am Schluss dieser Darstellung soll ein einzigartiges, bisher unbekanntes Dokument stehen, das Irmfried Eberl für aufbewahrenswert erachtete. Es ist ein Brief ohne Ort und Datum, der 27 Unterschriften von Brandenburger oder Bernburger Patientinnen trägt:

„Es ist den Gefertigten leider zu Ohren gekommen, daß sich einige Patientinnen über Sie, Herr Doktor, in respektloser und herabsetzender Art äußerten.

Wir nehmen dies zum Anlaß um Sie, Herr Doktor, einstimmig unseres Vertrauens zu versichern und gleichzeitig Ihnen dafür zu danken, daß Sie Ihre Pflicht sowohl beruflich als auch menschlich uns gegenüber immer erfüllt haben."[133]

Die schier unglaubliche Solidarisierung mit dem Tötungsarzt Eberl lässt offen, ob der handgeschriebene Brief von den Insassinnen in dramatischer Verkennung der Umstände verfasst wurde, oder in der Hoffnung, durch diese Bekundung des Vertrauens der „Euthanasie" zu entgehen.

Während die Ermordungen in Bernburg in die Endphase gingen, war Eberls Ehefrau Ruth auf einer ihrer häufigen Reisen für die DAF-Auslandsorganisation. Bei dieser Dienstreise, die sie im März und April 1943 nach Paris bzw. Brüssel führte, fand sie noch Zeit, einen Mann zu bespitzeln, den sie auf der Zugfahrt nach Paris kennen gelernt hatte. Sie traf ihn noch zweimal, um ihn dann an die Sicherheitspolizei im besetzten Paris zu verraten: *„Ich habe Grund anzunehmen, daß es sich bei Herrn W. um einen österreichischen Sonderbündler oder ähnliches handelt. Er wohnt in Paris im Hotel des Deux Mondes, Avenue de l'Opera. Ich halte es für meine Pflicht, Ihre Aufmerksamkeit auf die Persönlichkeit des Herrn W. zu lenken."*[134] Erneut machte sie ihrem Ruf als vorbildliche Nationalsozialistin alle Ehre. Im Mai 1943 schrieb sie, wohl auch wegen der immer bedrohlicheren Kriegslage, ihr Testament, in dem sie ihren Mann als Haupterben einsetzte: Falls ihre Eltern in Not gerieten, solle Irmfried sich um sie kümmern. Er habe sie glücklich gemacht, notierte sie, für seine nächste Ehe wünschte sie ihm Kinder: *„Friedl soll recht glücklich werden und wenn er noch Kinder bekommt, was ich ihm von Herzen wünsche, sollen seine Kinder alles haben"*[135]. Im August 1943 setzte auch Irmfried Eberl in Berlin sein Testament auf, die Vermögensaufstellungen offenbaren ein begütertes Paar: vier Sparbücher, drei Lebensversicherungen, Reichsschatzanweisungen, Aktien der Deutschen Bank.

Am 31. Jänner 1944 erhielt Eberl sein Einberufungsschreiben zum Militärdienst, blieb aber weiterhin Gehaltsempfänger der „Gemeinnützigen Stiftung für Anstaltspflege", Tiergartenstraße 4 (Bruttoverdienst: 1250 Reichsmark monatlich). Zur Vorbereitung auf den Fronteinsatz wurde er zum Grenadier-Ersatz- und Ausbildungsbataillon 203 in Berlin-Spandau eingezogen, wo er seine militärische Grundausbildung absolvierte.

Ruth war anhaltend im Ausland aktiv, Ende Juni 1944 reiste sie für die DAF nach Rumänien. Dort brach die ohnehin labile Ruth körperlich zusammen und wurde im Luftwaffenlazarett in Bukarest untergebracht, wo sie ihren letzten Brief abfasste:

„Liebe Eltern!

Ich habe Pech gehabt, bekam am ersten Tag unserer Ankunft eine schwere Gallenkolik und liege seit 8 Tagen in dem sehr schönen Luftwaffenwerk unter sehr guter ärztlicher Betreuung. Erst sah es so aus, als ob ich bald hinaus könnte, doch seit vorgestern ist eine wesentliche Verschlechterung eingetreten"[136].

Darin äußerte sie auch die Angst vor zunehmenden Luftangriffen und ihre eigentlichen Pläne, die einen späteren Aufenthalt in Siebenbürgen vorsahen. Danach wollte sie sich auf dem Rückweg im Kurort Marienbad erholen. Dennoch schloss Ruth in gewisser Weise mit ihrem Leben ab, das zeigt sich schon daran, dass sie erneut eine „letztwillige Verfügung" verfasste – in der sie wiederum die familiäre Zukunft ihres Mannes aufgriff: *„Wenn Friedel nicht so schnell wieder heiratet, kann er ja den Eltern das Schlafzimmer geben. Später soll dann Friedel alles wieder bekommen."*[137]

Alles deutet darauf hin, dass Irmfried Eberl Urlaub gewährt wurde, um seine Frau in Rumänien besuchen zu können. Diese Theorie bestätigt ein Visum für die Slowakei in seinem Pass, gültig vom 15. bis zum 31. Juli 1944, das er zur Reise nach Bukarest benötigte. Er dürfte innerhalb dieser Zeitspanne Ruth nach Marienbad zurückbegleitet haben, wo sie am 30. Juli 1944 verstarb. In den letzten Tagen vor Ruths Tod ist Eberl jedenfalls bei ihr gewesen.

Bemerkungen von Eberls Mutter lassen einen schrecklichen Verdacht aufkommen. Theresia Eberl hielt ihrem Sohn vor, er habe Ruths Liebe zu wenig erwidert. Dass sie von seiner Tätigkeit als T4-Arzt eine Ahnung gehabt haben könnte, belegen ihre Spekulationen im selben Brief, wonach Irmfried am Tod Ruths eine Mitschuld tragen könnte. Empört wies er diese Vorwürfe in seiner Antwort, die eigentlich an seinen Vater gerichtet war, zurück. An Ruths Behandlung seien lediglich die zuständigen Ärzte beteiligt gewesen:

„Zu den Andeutungen von Mutter (ich hätte Ruth nur selten ihre Liebe zu mir gedankt usw.) möchte ich weiter nicht Stellung nehmen, um nicht eine unfruchtbare und unerquickliche Debatte heraufzubeschwören, die unser Verhältnis nur trüben könnte. Aber soviel möchte ich doch sagen, dass ich mir derartige Bemerkungen auf das Entschiedenste verbitte. Mutter soll nicht glauben, dass mein Schweigen zu allen ihren Hetzereien Ruth gegenüber – die mir wohlbekannt sind – Schwäche war. Sie soll wissen, dass ich vor dem Verhältnis Eltern–Kind eine viel zu grosse Achtung hege, als dass ich – wie mir durchaus möglich war – meinen Einfluss auf Ruth geltend gemacht hätte, um mich für diese Hetzereien zu revanchieren. Ruth war, das kann ich wohl sagen, im Grossen und Ganzen mit mir sehr glücklich. Dass es in jeder Ehe einmal Krisenzeiten gibt, ist auch bei der glücklichsten Ehe der Fall. Ein Zeichen, wie gut wir zusammen harmoniert haben, ist wohl die Tatsache, dass wir immer wieder zusammen gefunden haben. Auch dass bei der letzten Erkrankung von Ruth alles geschehen ist, was nur menschenmöglich war, ist so sonnenklar, dass jede andere Auffassung eigentlich eine Beleidigung für mich ist. Ich möchte auch da feststellen, dass ich an der Behandlung – was Mutter vielleicht durch ihre sehr merkwürdigen Fragen andeuten wollte – keinen Anteil hatte, sondern diese ganz in die Hand der Krankenhausärzte legte. Das tragische Ende war durch die Schwere der Erkrankung bedingt und nicht aufzuhalten, da der Kreislauf versagte."[138]

Wenngleich die Vermutung der Mutter natürlich unbewiesene Spekulation bleibt, nähren Eberls weitere Ausführungen diesen Verdacht. Dort versucht er nämlich, Ruths Tod als eine Art Erlösung – wie er sich ausdrückt „Wohltat" – darzustellen:

„Vielleicht war dieses Ende für Ruth insoferne eine Wohltat als sie bei Überstehen der Krankheit einen schweren Herzknacks zurückbehalten hätte, der sie auf Monate hinaus schachmatt gesetzt hätte. Was das bei der Vitalität Ruths für sie bedeutet hätte, könnt Ihr Euch selbst ausmalen. Sie hätte auf Monate hinaus keine körperliche Anstrengung leisten können und das gerade in der heutigen Zeit, wo ihre Arbeitslast ins Ungemessene gestiegen wäre. Daran wäre Ruth seelisch zerbrochen."[139]

Ob es sich dabei um oberflächliche Floskeln des Trostes oder um ein echtes Indiz handelt, sei dahingestellt. Tatsache ist, dass gerade durch diese Worte die mütterlichen Zweifel an Ruths natürlichem Tod nicht ganz auszuräumen sind. Ruth verstand sich übrigens sehr gut mit den Eltern Eberl, sie vermachte ihnen sogar ein Sparbuch über 3500 Reichsmark.
Für Irmfried Eberl ging die Kriegsvorbereitung weiter. Im Oktober 1944 wurde er aus Berlin für vier Wochen zu einem Sanitätslehrgang in Guben/Lausitz abgestellt, danach arbeitete er in Berlin als Unterarzt in einem Lazarett. Im Jänner 1945 begann sein Fronteinsatz. Er meldete sich nach Italien, wo viele ehemalige T4-Kameraden in der „Operationszone adriatisches Küstenland" bei ethnischen Säuberungen und bei der Partisanenbekämpfung eingesetzt waren. Eberl fand jedoch an der Westfront Verwendung, indem er als Arzt das Panzergrenadier-Lehrregiment 902 in Luxemburg unterstützte. Dort geriet er Anfang April 1945 in amerikanische Gefangenschaft. Unerkannt kam er ins Kriegsgefangenenlager Dietersheim bei Bingen und tat dort Dienst in der Tuberkulose-Abteilung. Am 6. Juli 1945 wurde er entlassen.

IX. Der Kriminalfall Eberl: Spurensuche, Verhaftung, Selbstmord

Nach der Entlassung im Sommer 1945 ließ sich Eberl in Blaubeuren bei Ulm nieder, wo die Eltern seiner verstorbenen Frau lebten. Er war völlig mittellos, auf seine Vermögenswerte, die sich in der russischen Zone Berlins befanden, war kein Zugriff mehr möglich. Eberl lebte auf Kosten seines Schwiegervaters, bei dem er auch wohnte. In Blaubeuren machte er die Bekanntschaft von Gerda P., die seine zweite Ehefrau werden sollte. Sie schilderte 1948 dem Amt für Vermögenskontrolle in Ulm die finanzielle Situation ihres späteren Mannes:

„Mein Mann kam 1945 aus amerikanischer Gefangenschaft hierher und besass nur eine abgetragene, zerrissene Uniform. Seine Uhr, Siegelring, Leica und sein Füller wurden ihm bei der Gefangennahme abgenommen. Ich habe dann meinen Mann mit alten Kleidungsstücken von mir oder ausgetauschten Kleidungsstücken eingekleidet."[140]

Im Zuge der administrativen Erfassung musste Eberl im August 1945 den Erhebungsbogen der Militärregierung ausfüllen, ein wichtiges Dokument, das die Strategie bei der Verschleierung seiner Vergangenheit erkennen lässt. Zunächst einmal überrascht, dass er weiterhin seinen tatsächlichen Namen führte und keinen Tarnnamen wählte. Davon abgesehen versuchte er, seine T4-Tätigkeit ungeschehen zu machen, indem er angab, von Oktober 1937 bis Anfang August 1944 durchgehend am Hauptgesundheitsamt Berlin tätig gewesen zu sein.[141] Den Dienstbeginn bei der Wehrmacht gab Eberl konsequent mit August 1944 an, also unmittelbar nach dem Tod seiner ersten Frau. Vermutlich befürchtete er, dass durch Recherchen im Umfeld von Ruth, die in hohen Berliner NS-Kreisen verkehrte, seine wahren Aufgaben schnell bekannt werden könnten. Als Begründung, wieso er aus der Kirche ausgetreten sei, notierte er neben dem Bekenntnis „gottgläubig": *„da ich in der Kirche keine Politik hören wollte"*[142]. Die Angaben außerhalb der kritischen Zeitspanne sind korrekt. In medizinischer Hinsicht mutierte er jedoch zum „Arzt ohne besonderes Fachgebiet".

In Blaubeuren gelang es Eberl, sich wieder in die Gesellschaft zu integrieren. Im Sommer 1946 zog er zu seiner neuen Freundin Gerda P., die von seiner dunklen Vergangenheit nichts gewusst haben dürfte. Im Oktober 1946 heiratete das Paar. Zu diesem Zeitpunkt war Gerda, wie Ruth knapp drei Jahre älter als Irmfried, bereits schwanger.

Daneben versuchte Eberl, wieder die Zulassung als Arzt zu erreichen, um die er beim Bürgermeisteramt Blaubeuren ansuchte. Der Bürgermeister unterstützte im Juli 1947 seinen Antrag auf vordringliche Behandlung des entsprechenden Spruchkammerverfahrens. Die Spruchkammer Ulm hatte allerdings Bedenken hinsichtlich der Zuständigkeit, da Eberl gebürtiger Österreicher war. Darauf schaltete er einen Ulmer Rechtsanwalt ein, der beim Ministerium für politische Befreiung in Stuttgart intervenierte: *„Dr. Irmfried Eberl wird vom Unterzeichneten in seiner Entnazifizierungssache vertreten. Er hat den Antrag auf vordringliche Behandlung des Spruchkammerverfahrens am 22. Juli 46 gestellt, um als prakt. Arzt im Landbezirk tätig zu sein, da hiefür ein dringendes Bedürfnis besteht. ... Der Antragsteller betrachtet sich nicht mehr als Österreicher, sondern als Reichsdeutscher & will deshalb auch im Reiche seinen dauernden Aufenthalt & Wohnsitz nehmen."*[143] Eberl wurde im November 1946 vernommen, in der vorläufigen Klageschrift steht:

„Das Ermittlungsverfahren hat belastende oder entlastende Tatsachen nicht erbracht, da es nicht möglich war, an seinen früheren Wohnorten in der russischen Zone Ermittlungen über seine politische Vergangenheit anzustellen. Er versichert jedoch durch eidesstattliche Erklärung, Anlage II, dass er sich aktivistisch für den Nazismus nicht betätigt habe und dass er ein Amt oder einen Rang weder ehrenhalber noch vertretungsweise in der Partei oder deren Gliederungen innegehabt habe.

...

Obwohl formal Belasteter, erscheint der Betroffene gleichwohl einer milderen Beurteilung nicht unwürdig und seine Persönlichkeit lässt erwarten, dass er nach Bewährung in einer Probezeit seine Pflichten als Bürger eines friedlichen demokratischen Staates erfüllen wird."[144]

Dennoch wurde weiter ermittelt. Im Februar 1947 gab Eberl eine eidesstattliche Erklärung ab, 1936 nicht nach Deutschland gekommen zu sein, um Teil der „Österreichischen Legion" zu werden. Dabei handelte es sich um eine in Deutschland gebildete paramilitärische NS-Einheit, deren Mitglieder Österreicher waren. Im April 1947 erhielt er zumindest eine vorläufige Bescheinigung, dass „*von Seiten der Spruchkammer Ulm-Land gegen die Eröffnung einer Praxis als Arzt in Blaubeuren-Gerhausen keine Bedenken*" bestünden, diese jedoch erst nach „*ordnungsgemässer Durchführung des Verfahrens zugestellt werden*" könne.[145] Die Behörden versuchten, neue Informationen im Umfeld seiner Berliner Wohnsitze zu erhalten, doch der Versuch scheiterte – entweder waren die Häuser zerstört oder Eberl den nachfolgenden Mietern unbekannt. Indessen erfüllte sich Eberls lang ersehnter Kinderwunsch, Gerda schenkte ihm im Mai 1947 einen Sohn.

Im Oktober 1947 wendete sich das Blatt – die erste heiße Spur. In dem Buch „Der SS-Staat", verfasst von Eugen Kogon, einem ehemaligen Häftling des Konzentrationslagers Buchenwald, fand sich der Name Irmfried Eberl. Die Spur führte nach Bernburg, wo Eberl mit der Verbrennung von Leichen, die aus einem Buchenwalder Außenlager stammten, in Verbindung gebracht wurde. So nahm man mit Kogon Kontakt auf, der Eberl allerdings nicht persönlich kannte und auf den Buchenwalder Lagerarzt Hoven verwies. Von November 1947 an liefen die Ermittlungen auf Hochtouren. Zur selben Zeit diagnostizierte die Fürsorgestelle Ulm bei Eberl ein Tuberkuloseleiden, worauf ihm ein Heilverfahren in Aussicht gestellt wurde. Eine Niederlassungsgenehmigung für eine Praxis in Blaubeuren besaß er bis zuletzt nicht, war allerdings bei der Ärztekammer in Stuttgart im

Arztregister registriert. Der US-Nachrichtendienst CIC berichtete jedoch im Herbst 1947, Eberl würde eine Praxis führen.[146]

Am 8. Dezember 1947 folgte die Vernehmung von Eberl im Rathaus von Blaubeuren. Er beteuerte, von T4 nichts gewusst zu haben, 1937 bis 1944 im Berliner Gesundheitsamt tätig gewesen zu sein. Über seine damaligen Mitarbeiter befragt, nannte er Leute, die ihn kaum kannten und die folglich kaum relevante Auskünfte über ihn geben konnten. Im Protokoll ist zu lesen:

„Auf die Frage, wann er von dem Euthanasieprogramm erfahren habe, was dieses Programm bedeute, und wie es durchgeführt wurde, gab der Beschuldigte zur Antwort, dass er erstmalig nach der Entlassung aus der Kriegsgefangenschaft durch die Zeitungsnotizen davon erfahren habe. Er könne sich nicht daran erinnern, dass er schon während seiner Tätigkeit bei dem Hauptgesundheitsamt Berlin davon gehört habe. Sollte dies aber wirklich der Fall gewesen sein, so hätte er sich darüber selbst keine Gedanken gemacht und habe auch nicht mit anderen Kollegen darüber gesprochen. Über die Durchführung dieses Programmes sei ihm ebenfalls nichts bekannt. Auf die Frage, ob ihm die Bezeichnung "14f13" bekannt sei, und was diese Bezeichnung zu bedeuten habe, antwortete er, noch nie in seinem Leben davon gehört zu haben."[147]

Anfang Dezember wurde Waldemar Hoven in Landsberg am Lech vernommen, wo der im Nürnberger Ärzteprozess zum Tode Verurteilte auf seine Exekution wartete. Er gab an, mit Eberl im April 1943 persönlich gesprochen zu haben, kenne aber dessen Vornamen nicht. Der dringende Tatverdacht aber fehlte weiterhin. Noch einmal forcierte der Ulmer Staatsanwalt Heinrichs die Ermittlungen, indem er ein Foto Eberls an die Kriminalpolizei in Brandenburg und Bernburg sowie an die Detektivpolizei Wiesbaden versandte; Eberl sollte endlich identifiziert werden. Nach

Bernburg schrieb Heinrichs: „*Gleichzeitig bitte ich darüber Erhebungen anzustellen, ob noch Ärzte, Schwestern oder sonstiges Personal der Anstalt oder ehemalige Insassen der Anstalt ausfindig zu machen sind, die über das Tun und Treiben des Beschuldigten Auskunft geben können.*"[148]
Mittlerweile war klar, dass es sich bei dem in Bernburg gesuchten Dr. Keller um einen Decknamen handelte, der Anstaltsleiter aber Dr. Eberl hieß. Als Konsequenz forderte der Bernburger Oberstaatsanwalt die sofortige Inhaftierung Eberls, welcher die Staatsanwaltschaft Ulm am 8. Jänner 1948 nachkam. Erneut bestritt Eberl jede Beteiligung:

„*Ich bestreite auf das allerentschiedenste in der Zeit vom Oktober 1940 bis März 1943 jemals in Bernburg/Saale gewesen zu sein. Insbesondere bin ich in dieser Zeit niemals als leitender Arzt oder sonst als Arzt in der dort. Heil- u. Pflegeanstalt eingesetzt oder tätig gewesen. Demzufolge kann ich auch niemals an irgendwelchen Vernichtungsaktionen an Geisteskranken, Juden und ehemaligen KZ-Häftlingen teilgenommen haben. Insbesondere bestreite ich, an einer Aktion 14f13 teilgenommen zu haben.*

...

Ich bestreite, irgendwelche Schriftsätze der von der Heil- u. Pflegeanstalt in Bernburg mit irgend anderen Dienststellen geführt wurde, unterschrieben zu haben. Ich bestreite weiter, jemals einen Schriftwechsel der Heil- u. Pflegeanstalt Bernburg zu Gesicht bekommen zu haben.

...

Ich bestreite auf das Entschiedenste, einen Dr. Waldemar Hofen (Hoven, MG) zu kennen, jemals mit ihm in Berührung gekommen, oder sogar verhandelt zu haben. Wenn Dr. Hofen dieses erklärt hat, so ist mir das unverständlich. Ebenso bestreite ich, einen Viktor Hermann Brack jemals kennengelernt zu haben oder mit ihm irgendwann in Berührung gekommen zu sein. Es ist mir vollkommen schleierhaft, wie dieser Brack angegeben haben soll, dass ich mich unter den Ärzten befunden haben soll, die an dem Vernichtungsprogramm der Juden teilgenommen haben.

Mir ist unbekannt, dass in Bernburg solche Vernichtungen vorgenommen worden sind, und es ist mir ein Rätsel, wie ich mit diesen Vernichtungen in Zusammenhang gebracht werden kann."[149]

Eberl verlor seit Kriegsende 15 Kilo Körpergewicht und wog bei einer Körpergröße von 1,76 Meter noch 65 Kilo. Auf Eberls Klagen über Husten und Nachtschweiß erkundigte sich Dr. Brossmann, Gefängnisarzt der Ulmer Untersuchungshaftanstalt, beim staatlichen Gesundheitsamt. Dort wurde ihm gesagt, Eberl leide laut Röntgenbefund an einer akut fortschreitenden Lungentuberkulose, ein Gesuch um Bewilligung eines Heilverfahrens sei bereits abgeschickt. Darauf erklärte Brossmann seinen schuldbeladensten Insassen am 10. Jänner 1948 für nicht haftfähig, die schriftliche Stellungnahme des Gesundheitsamts (13. Jänner) fiel identisch aus. Staatsanwalt Heinrichs gab sich damit nicht zufrieden und wollte wissen, ob die Erkrankung für Eberl lebensgefährlich sei – Brossmann verneinte. Zwar würde eine längere Aufrechterhaltung der Haft eine Verschlechterung des Zustands nach sich ziehen, aber *„Anzeichen für eine offene Tuberkulose bei Dr. E. nicht vorliegen (kein Auswurf) sodass Eberl nicht als infektiös und für seine Umgebung nicht als gefährlich anzusehen"*[150] sei. Da eine akute Lebensgefahr „keinesfalls" gegeben sei, blieb Eberl weiter in Untersuchungshaft.

Am 17. Jänner 1948 brachten die Ermittlungen den durchschlagenden Erfolg. Die Krankenschwester Erna Sch., in Bernburg vernommen, erkannte auf dem vorgelegten Foto sofort ihren ehemaligen Chef wieder. Eilig telegrafierte der Bernburger Staatsanwalt die Neuigkeit an seinen Kollegen nach Ulm und forderte die Erwirkung eines Haftbefehls. In der Folge bestätigten mehrere Untersuchungshäftlinge, die Eberl aus Brandenburg und Bernburg kannten, dessen Identität. Am 26. Jänner suchte er beim Gefängnisarzt schriftlich um eine erneute Röntgenuntersuchung an, die Brossmann ablehnte. Eine solche sei nur im Falle von Eberls Verlegung in die Krankenabteilung eines Gefängnisses notwendig: *„Zur Zeit halte ich* *eine derartige Krankenhausbehandlung für nicht unbedingt erforderlich, da keine Anzeichen für eine offene Tuberkulose bestehen und nur für dann zweckmässig, wenn voraussichtlich noch eine länger als 3 Monate dauernde Untersuchungshaft zu erwarten wäre.*"[151] In dem vom Amtsgericht Ulm am 7. Februar 1948 ausgestellten Haftbefehl wurde Eberl zur Last gelegt, er habe in Bernburg „*als Mörder aus niedrigen Beweggründen, heimtückisch und grausam Menschen getötet*"[152]. Eine Befragung am 11. Februar brachte keine neuen Rückschlüsse, zwei Tage später wurde ihm der Haftbefehl übergeben.

Der 15. Februar 1948 sollte der letzte Tag im Leben von Irmfried Eberl sein, anhand von Zeugenaussagen ist er rekonstruierbar. Um 8.30 Uhr wurde der Einzelhäftling Eberl zum Schachspiel in die Gemeinschaftszelle gebracht. Sein Schachpartner initiierte eine Diskussion um das brisante Thema:

„*Wir sind im Laufe des Tages auch auf das Buch von Kogon "Der SS Staat" zu sprechen gekommen und ich habe dabei noch die Meinung geäussert, dass es doch eigentlich gar nicht möglich sein könne, da er ebenso wie ich Jahrgang 1910 ist, dass er Chefarzt einer solchen Anstalt gewesen wäre. Dr. Eberl sagte mir darauf, er sei das auch nicht gewesen. Es ist auch einmal das Gespräch auf den Vornamen "Irmfried" gekommen. Auch da sagte er, dass das eben Zufall sein müsse. Er sei von 1937 – 1944 immer nur beim Hauptgesundheitsamt in Berlin gewesen und sei dann 1944 als einfacher Soldat eingezogen worden. ... Als ich im Laufe des Gesprächs mal zu ihm sagte, dass ein Mann, der so viel Menschen umgebracht hat, zur Verantwortung gezogen werden müsse, hat er mir zugestimmt und es ebenso für richtig gehalten.*"[153]

Zu einem anderen Insassen soll Eberl während des Gottesdienstes gesagt haben: „*Herr P., Sie werden der Erste sein, der hier rauskommt. Wenn Sie dann mal etwas in Blaubeuren zu tun haben, dann gehen Sie doch zu meiner Frau und sagen Sie ihr, wie das Leben hier drinnen ist.*"[154] Um 18 Uhr bringt man ihn in seine Zelle, von einem Mithäftling verabschiedet er sich entgegen der üblichen Gewohnheit per Handschlag. Eberl wirkt ruhig und diszipliniert. Niemand ahnt, dass er nun den Abschiedsbrief an seine Frau abfassen würde, die ihn vor kurzem besucht hat:

„*Liebste!*

Du kannst gar nicht ermessen, was es für mich bedeutete, dass ich Dich gestern sehen und sprechen durfte. Ich bin dadurch so ruhig geworden, denn ich weiss, Du bist stark und wirst alles tragen. Habe Dank für Deine Liebe, die die letzten Jahre überstrahlt und diese nur so schön gemacht hat. Meine Gedanken sind stets bei Dir und um Dich. Ich grüsse alle, Mutti, Ruth und Hans, alle übrigen Verwandten und Bekannten.
Auch sage allen Dank, durch deren Liebe und Entgegenkommen meine Haft erleichtert wird.
Sei stark!
   Immer in Liebe
     Dein Friedl.

Insbesondere Grüsse und Küsse unsern I."[155]

Ein nicht ungewöhnlicher Abschiedsbrief (die letzte Zeile galt übrigens seinem Sohn), wenn nicht Eberls dunkle Rolle bei der Massenvernichtung von Menschen wäre. Das Eingeständnis einer Schuld oder Worte der Reue und des Bedauerns sucht man vergebens. Um 20 Uhr erlöschen im Zellenblock die Lichter, um 20.30 Uhr signalisiert Eberl per Klopfzeichen, er gehe nun schlafen – sein letztes Signal an die Außenwelt.
16. Februar 1948, 7.30 Uhr. Ein Häftling verteilt das Frühstück, erst Brot, dann Kaffee. Er fordert Eberl auf, das Brot wegzunehmen, um den Kaffee abstellen zu können. Da keine Reaktion erfolgt, schaut er durch den Spalt

und sieht Eberl am Heizungsrohr hängen. Etwa eine halbe Stunde zuvor hat Eberl seinem Leben ein Ende gesetzt. Der Selbstmord überraschte sowohl Insassen als auch Personal des Gefängnisses – Eberl habe nie Selbstmordabsichten geäußert oder erkennen lassen, sagen die Befragten. Staatsanwalt und Gefängnisarzt werden verständigt. Nach der Untersuchung des Leichnams schreibt Dr. Brossmann in seinen ärztlichen Bericht:

„Nach dem Befunde besteht kein Zweifel, dass der Tod bereits eingetreten war, sodass von Wiederbelebungsversuchen Abstand genommen wurde. Es ist anzunehmen, dass der Tod in den frühen Morgenstunden des 16. 2. 48 eingetreten ist, da die Leiche noch nicht völlig erkaltet und die Totenstarre erst in der Entwicklung begriffen war. An der Todesursache durch Selbstmord mittels Strangulation besteht nach dem Befunde der Leiche kein Zweifel."[156]

Mit dem Suizid Eberls waren die Auslieferungsanträge anderer Staatsanwaltschaften hinfällig, die Ermittlungen gegen ihn wurden eingestellt. Auch eine geplante Gegenüberstellung mit Buchenwald-Arzt Hoven entfiel als Folge des Selbstmords. Im Juni 1948 erfuhr jedoch die einstige Klageschrift eine erhebliche Erweiterung:

„Irmfried Eberl hat sich zufolge des Tatbestandes als vielfacher Mörder erwiesen und damit als Hauptschuldiger im Sinne des Gesetzes Art. 5 Ziff. 8. Er hat sich als einer der unmenschlichsten Anhänger der nationalsozialistischen Gewaltherrschaft in ihrer brutalsten, gewissenlosesten Form zu erkennen gegeben. Er hat darüber hinaus das Ansehen des deutschen Volkes vor den Augen der ganzen Welt in den Staub getreten, das Ansehen des deutschen Aerztestandes und der deutschen, medizinischen Wissenschaft, die einst die Achtung der ganzen Welt genossen haben nicht minder. Das, was er und seine Komplizen in den Konzentrationslagern an Verbrechen begangen haben, wofür Dr. Hoven und die übrigen ärztlichen

Schwerverbrecher dieser Tage gehängt wurden, wird dem gesamten deutschen Volk als Schuld aufgeladen und ist in den Augen der Welt wie auch vor der Verantwortung der Geschichte nie wieder gutzumachen. Wäre er noch am Leben, so müsste ihn die schwerste Strafe treffen. Er hat es jedoch vorgezogen, sich der irdischen Gerechtigkeit durch Selbstmord zu entziehen, indem er sich am 16. 2. 1948 in der Zelle des Untersuchungsgefängnisses zu Ulm erhängt hat"[157].

Artikel 5 im Gesetz „zur Befreiung von Nationalsozialismus und Militarismus" definierte die Zuordnung zur Gruppe der Hauptschuldigen, Ziffer 8 umfasste Personal eines Konzentrationslagers bzw. einer „Euthanasie"-Anstalt. Der Versuch einer Ehrenrettung scheiterte im August 1948. In Anwesenheit der Witwe forderte ihr Rechtsbeistand in der öffentlichen Sitzung der Spruchkammer Ulm-Stadt, *„das Verfahren einzustellen, weil die Identität des Betroffenen nicht einwandfrei nachgewiesen"*[158] sei. Aufgrund der drückenden Beweislast wurde Eberl zum Hauptschuldigen erklärt: *„Der Betr. ist Hauptschuldiger. Er hat den Tatbestand des Art. 5 Ziff. 8 tausendfach erfüllt. ... Als letzteren und schlüssigen Beweis sieht die Kammer an, daß der Betroffene kurz vor seiner Gegenüberstellung mit dem SS Arzt Dr. Hoven des KZ's Buchenwald sich der irdischen Gerechtigkeit durch Entleibung entzog. Zweifellos hat Dr. Eberl diese Gegenüberstellung gefürchtet und es kam ihm zum Bewusstsein, daß nun ein Entrinnen unmöglich ist."*[159]

1950 wurde einem entsprechenden Gnadengesuch der Witwe, die sich in einer wirtschaftlichen Notlage befand, stattgegeben – als Konsequenz trug die Staatskasse die Verfahrenskosten. In der breiten Öffentlichkeit blieb Eberls Name ungeachtet der selbst innerhalb des NS-Systems beklemmenden Ausnahmestellung unbekannt. Geradezu bezeichnend ist die Erwähnung in der Chronik von Eberls ehemaliger Schule (1952 erschienen), wo der Tod des „Werkarztes" Irmfried Eberl verzeichnet ist.[160]

Zur Vertuschung trug auch Vater Franz bei, der im August 1945 suspendiert wurde. Im Erhebungsbogen der Militärregierung, wo über die NS-Vergangenheit der engsten Verwandten Auskunft zu geben war, berichtete er über die Tätigkeiten von Harald und Ekhard Eberl, die Existenz eines dritten Sohnes verschwieg er aber gezielt.[161]

X. „Gott und die Welt vergasen" – Beurteilungsversuch des Undenkbaren

In der Person Irmfried Eberl kristallisieren sich die Superlative. Er war der einzige Arzt, der in der NS-Zeit ein Vernichtungslager geleitet hat. Er war darüber hinaus der Mann, der im Vernichtungslager Treblinka innert weniger Wochen die Ermordung von etwa 280.000 Menschen befohlen und bewerkstelligt hat – ein Wert, der selbst innerhalb des Holocaust völlig allein dasteht. Eberls Stellvertreter in Bernburg, Heinrich Bunke, erklärte 1962: *„Dr. Eberl hat immer große Pläne entwickelt und wollte Gott und die Welt vergasen."*[162] Ein zum Heilen bestimmter Arzt als einer der größten Massenmörder der Geschichte: in diesem Umstand manifestiert sich das Unfassbare, ein Höchstmaß an Perversion, das unerklärlich scheint. Geht man von Gesichtspunkten wie Ethik, Moral oder Gewissen aus, lassen sich diese Taten auch nicht erklären. Erst Konstellationen, die konsequent alle menschlichen Regungen betäuben oder ersticken, machen das unmöglich Scheinende möglich. In diesem Netz der Unmenschlichkeit hat sich Eberl ohne großen Widerstand erst fangen lassen; danach hat er sich flink darin bewegt. Am Beispiel Eberl soll die erwähnte Konstellation erörtert werden. Ich gehe dabei von einer Verkettung von Faktoren aus, die ich mittels der Schlagworte wahnhafter Irrglaube, Außerkraftsetzung der Rechtsstaatlichkeit, Persönlichkeitsstruktur und Zufälle einzugrenzen versuche.

Wahnhafter Irrglaube: Der bedingungslose Glaube an den Segen des Nationalsozialismus hat Eberl angetrieben. Es darf aber nicht vergessen werden, dass die nationalsozialistischen Denkmuster ebenso vielen prägenden Einflüssen unterlegen waren. Schon Anfang des 20. Jahrhunderts kursierte die Theorie, dass sich im Falle einer Auseinandersetzung verschiedener „Rassen" nach biologischem Vorbild die stärkere, entwickeltere Gruppe durchsetzen würde. Zugleich wurde im Rahmen der „Eugenik" die Züchtung einer auf positiven Erbanlagen basierenden gesunden Rasse angedacht und spätestens seit den 20er Jahren intensiv diskutiert – andererseits sollte die Schädigung der Rasse verhindert werden, Rassenhygiene betrieben werden. Das Einschleichen rassenhygienischer Ideen in die Medizin führte dazu, dass der Faktor Vererbung bei der Entstehung von Krankheiten überschätzt wurde. Daraus wiederum ergab sich der Trugschluss, zur Verhinderung stärker präventiv tätig werden zu müssen. Die heute als sinnwidrig und unwissenschaftlich zurückgewiesenen Ideen waren damals von höchster Aktualität und überzeugten nicht wenige Ärzte, zum Teil führende Mediziner.

Während die religiöse Judenfeindlichkeit jahrhundertealte Tradition hatte, orientierte sich der im 19. Jahrhundert etablierte Antisemitismus an rassischen Vorstellungen. Bereits um die Jahrhundertwende gab es Überlegungen zur Lösung der „Judenfrage", die bis zur „Ausrottung" reichten. Der Rassenantisemitismus erlangte schon vor der Machtergreifung Hitlers einen beachtlichen Popularitätswert.

Ein aggressiver Nationalismus wurde durch die deutsch-österreichische Niederlage im 1. Weltkrieg forciert. Revanchedenken, verletzter Stolz, die Idealisierung des „Fronterlebnisses" im Zuge von Heimatschutz und Kameradschaft und das Märchen der unbesiegten Heere gaben dem Nachkriegs-Nationalismus einen besonders starken militärisch motivierten Anstrich. Die zerstückelte Weltmacht Österreich sollte in der Vereinigung mit dem großen Bruder Deutschland neue Schlagkraft gewinnen.

Dies waren die Glaubensgrundsätze, die Irmfried Eberl von der Schulzeit bis zum Abschluss des Studiums begleiteten und die durch seine Mitgliedschaft bei der Burschenschaft „Germania" eine weitere Radikalisierung erfuhren.

Außerkraftsetzung der Rechtsstaatlichkeit: Mit der nationalsozialistischen Machtübernahme kam es zu einer nachhaltigen Instrumentalisierung von Gesetz und Justiz. Die neu geschaffenen Gesetze dienten einzig den Interessen der Partei und des totalitären Staates. Die Einrichtung des Volksgerichtshofs und des „Heimtückegesetzes" degradierte jeden Systemkritiker zum Schutzlosen, der mit der Todesstrafe zu rechnen hatte. Der positivistische Glaube an die Tatsächlichkeit von Recht und Gesetz wurde dadurch ad absurdum geführt, Gesetzgebung und Sanktionierung basierten im Wesentlichen auf der Aggression gegen Andersdenkende. Die Tatsache, dass es Gesetze gab, darf nicht darüber hinwegtäuschen, dass die Nationalsozialisten in einem de facto rechtlosen Rahmen operierten. Ungeachtet dessen wurden Hitlers Pläne ohnehin in die Tat umgesetzt – wenn dies als notwendig erachtet wurde eben in Form von geheimen Aktionen. Bestes Beispiel dafür ist der Genozid an den Juden, an dem Irmfried Eberl mitwirkte. Dennoch empfanden es viele Täter als beruhigend, sich bei ihren Verstößen gegen die Menschlichkeit auf ein Gesetz berufen zu können. Diese Rechtssicherheit war auch Irmfried Eberl ein großes Anliegen, der die Ausarbeitung eines Gesetzesentwurfs zur „Euthanasie" aktiv unterstützte.

Persönlichkeitsstruktur: Irmfried Eberl war ein geradezu prädestinierter Nationalsozialist. Seine Persönlichkeit sowie deren Beeinflussung durch das soziale Umfeld von Kindheit an legitimieren diesen Befund. Die familiäre Nähe zum Nationalsozialismus und die Betätigung innerhalb der Deutschen Studentenschaft bewirkten seine Ideologisierung. Davon abgesehen war Eberl ein auffallend verschlossener Mensch, wie viele seiner Bekannten und Kollegen feststellten.[163] Dieses Wesensmerkmal hat bei seiner Berücksichtigung für geheime Operationen mit Sicherheit eine Rolle gespielt. Eberl war ein pflicht- wie machtbewusster Einzelgänger, der seine Stellung gegenüber Untergebenen gerne herausstrich. Sein Auftreten war nach Schilderungen üblicherweise autoritär, distanziert und selbstgefällig. Eberls Stellvertreter in Brandenburg, Aquilin Ullrich, kommentierte:

„Ein persönlicher Kontakt kam entgegen meiner ursprünglichen Erwartung ... nicht zustande. ... Ich sehe heute, wie wohl auch schon damals, den

Grund mehr in seiner kühlen, unpersönlichen Art und den Umstand, dass er mir gegenüber den Vorgesetzten mehr betonte, als dies m. E. notwendig gewesen wäre, und auch auf ein eigentlich kollegiales Verhältnis keinen Wert legte. Er hat mir das Ausscheiden aus seiner Anstalt stets verübelt, was er mir später auch sagte, und ich glaube, dass es bei ihm der Gedanke einer Insubordination war, bzw. für seine betonte autoritäre Natur die bittere Erkenntnis der Grenze seiner Macht."[164]

Die gewonnene Macht als Folge der steilen Karriere genoss Eberl. Deswegen war er aber kein Opportunist, sondern ein absoluter Verfechter des Nationalsozialismus, dem das Wohl der Partei über alles ging. Es stand weit über persönlichen oder kollegialen Bindungen. Eberls vorbehaltlose Identifikation mit dem Nationalsozialismus wurde von der Berliner Führung geschickt erkannt. Aufgrund seiner Voraussetzungen war es kaum mehr nötig, weltanschauliche Überzeugungsarbeit zu leisten, bei T4 zählte er zu den unumstrittenen „Leistungsträgern" der Aktion. Diese mit Bravour bestandene Bewährungsprobe brachte Eberl nach Treblinka, wo die Gier nach Pflichterfüllung in einem apokalyptischen Leichenrausch endete. Es spricht für den Glauben der Verantwortlichen an Eberls Führungsqualitäten, dass er trotz dieses Debakels wieder als Anstaltsleiter in Bernburg fungieren durfte. Tatsächlich bemühte er sich weiterhin vehement, seine Mitarbeiter zu beeinflussen und propagandistisch auf Kurs zu halten.

Aus dem Studium von Zeugenaussagen ergibt sich für Irmfried Eberl eine durchgehend negative Beurteilung, darüber hinaus findet sich von ihm nicht ein einziges Statement des Bedauerns oder der Reue. Dem Arzt Eberl ist es hervorragend gelungen, sein Gewissen zu betäuben, seine fundamentale Schuld zu ignorieren. Der einzige gegenteilige Beleg ist eine Aussage seiner Geliebten in Bernburg, die einmal bemerkt haben will, *„daß er unter der Verantwortung litt."*[165] Ebenso ist nur ein Gnadenakt Eberls überliefert. Er habe einst einen in Brandenburg ankommenden Kindertransport zurückgeschickt, berichtete der Standesbeamte Godenschweig: *„Es wunderten* *sich damals alle in Brandenburg Beschäftigten über diesen Vorfall, weil es Dr. Eberl war, der die Kinder zurückschickte. Denn im allgemeinen wurde Eberl für sadistisch und blutrünstig gehalten."*[166]

Zufälle: Erst weil Eberls Anstellung als Arzt in Österreich scheiterte, ging er nach Deutschland. Nach Berlin kam er über Umwege. Auch private Veränderungen beeinflussten Eberls Werdegang, zumal Ruth seine Kontakte zur NS-Führung herstellte. Die folgende Karriere verdankte Eberl seiner Gesinnung und seinem Auftreten als treuer, gehorsamer und verschwiegener Parteisoldat sowie der Tatsache, zum richtigen Zeitpunkt am richtigen Ort gewesen zu sein. Angesichts der fatalen Umstände seines Tuns wäre es jedoch angemessener festzustellen, dass er zum falschen Zeitpunkt am falschen Ort war. Dass ausgerechnet ein Arzt zu den größten Vernichtern aller Zeiten wurde, mag zwar schockieren, lässt sich aber aus dem Zeitkontext erklären. Eberls Solidarität mit dem NS-Gedankengut, zu dem auch die Reinigung der Volksgemeinschaft durch die Vernichtung von „Volksschädlingen" zählte, war ungleich höher als sein ethisches Bekenntnis zum Wert des menschlichen Lebens und seiner ärztlichen Verpflichtung, es zu schützen.

Wie soll man Irmfried Eberl nach all dem beurteilen: als Dämon in Menschengestalt? Der später zum Tode verurteilte Auschwitz-Kommandant Rudolf Höß schrieb in der Untersuchungshaft: *„Mag die Öffentlichkeit ruhig weiter in mir die blutdürstige Bestie, den grausamen Sadisten, den Millionenmörder sehen – denn anders kann sich die breite Masse den Kommandanten von Auschwitz gar nicht vorstellen. Sie würde doch nie verstehen, daß der auch ein Herz hatte, daß er nicht schlecht war."*[167] Einen Menschen zum Teufel zu stempeln ist ein plastischer, aber irrealer Erklärungsversuch. Das Entsetzliche an diesen Taten ist, dass sie eben nicht von Teufeln, sondern von Menschen befohlen und begangen wurden. Auch dass die Täter ihre Sensibilität dann entdecken, wenn sie selbst am

Abgrund stehen, ist symptomatisch. Wer die Verantwortung für die Vernichtung Hunderttausender tragen kann, muss sich damit abfinden, als Verbrecher in die Geschichtsbücher einzugehen. Auch Eberl sollte seine physische Menschlichkeit nicht aberkannt werden. Er, der es vorzog, sich selbst zu richten, hatte im Gegensatz zu Höß nie versucht, zu seinem Handeln Stellung zu nehmen. Dennoch war Irmfried Eberl kein Teufel. Er war allerdings – in aller Schärfe und Deutlichkeit – ein Freund des Tötens und Mordens, ein Feind von Leben und Menschlichkeit.

Abbildung 1: Irmfried Eberl (1938)

Abbildung 2: Eberl während des Osteinsatzes mit Kameraden (1942)

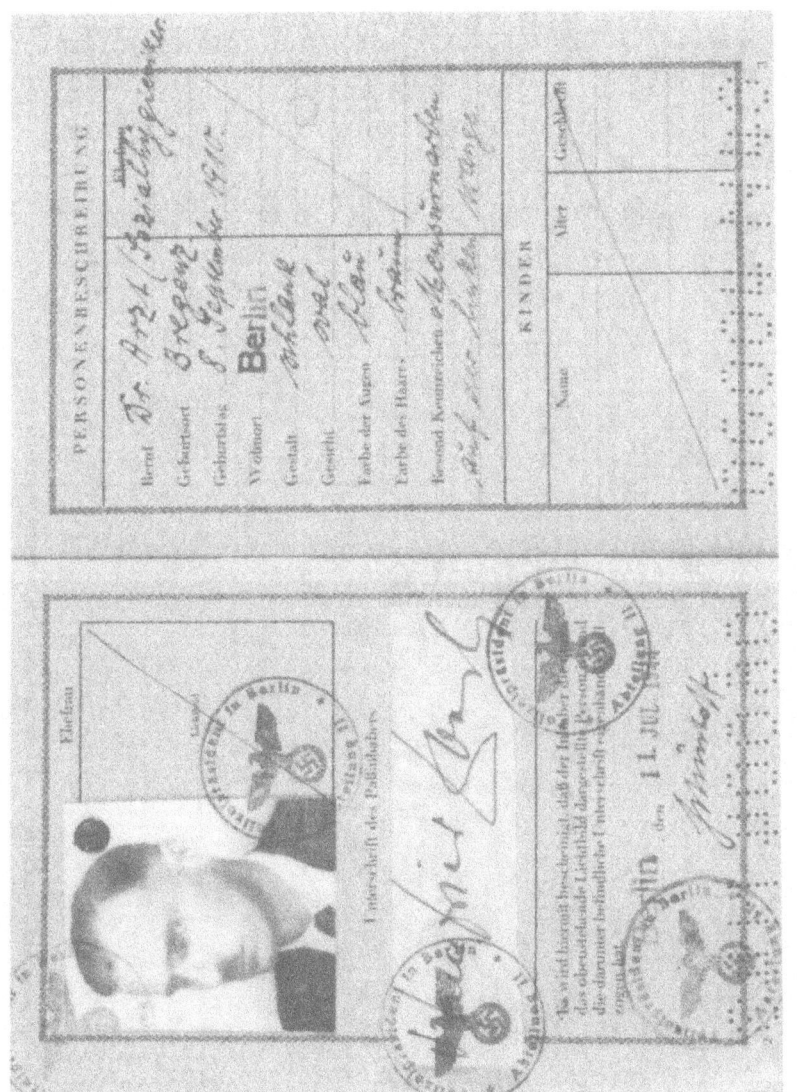

Abbildung 3: Pass von Irmfried Eberl (1944 ausgestellt)

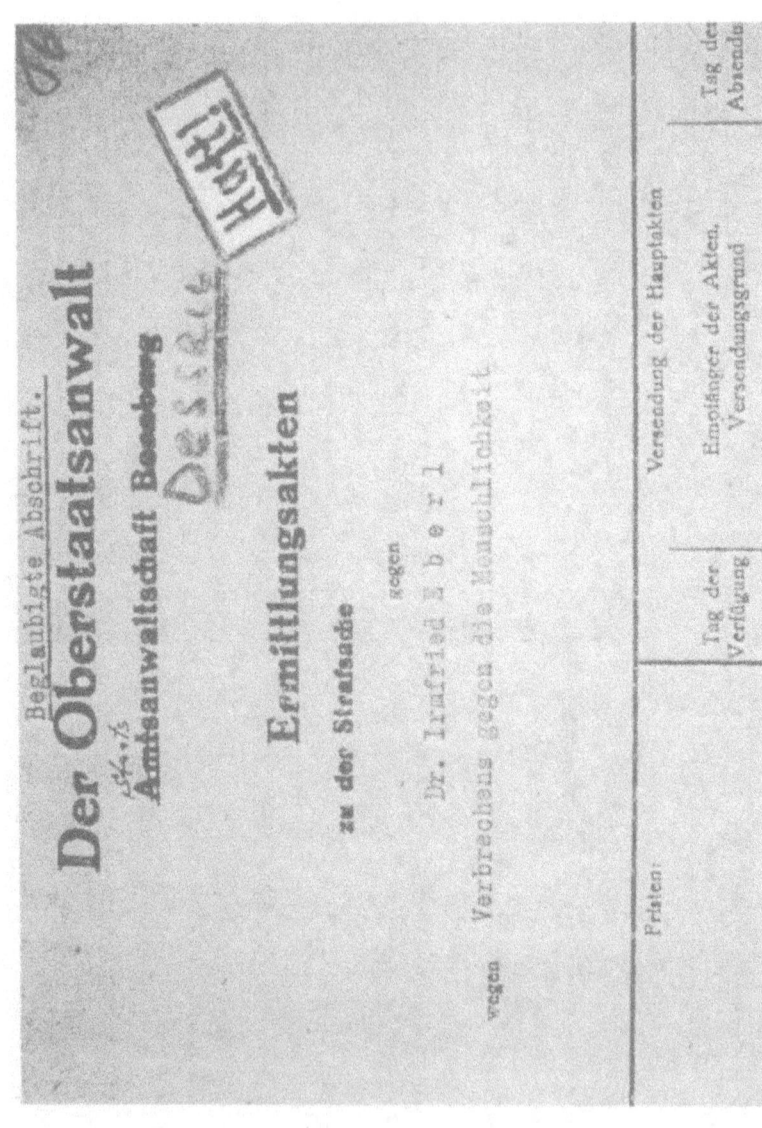

Abbildung 4: Aktendeckblatt im Ermittlungsverfahren gegen Eberl

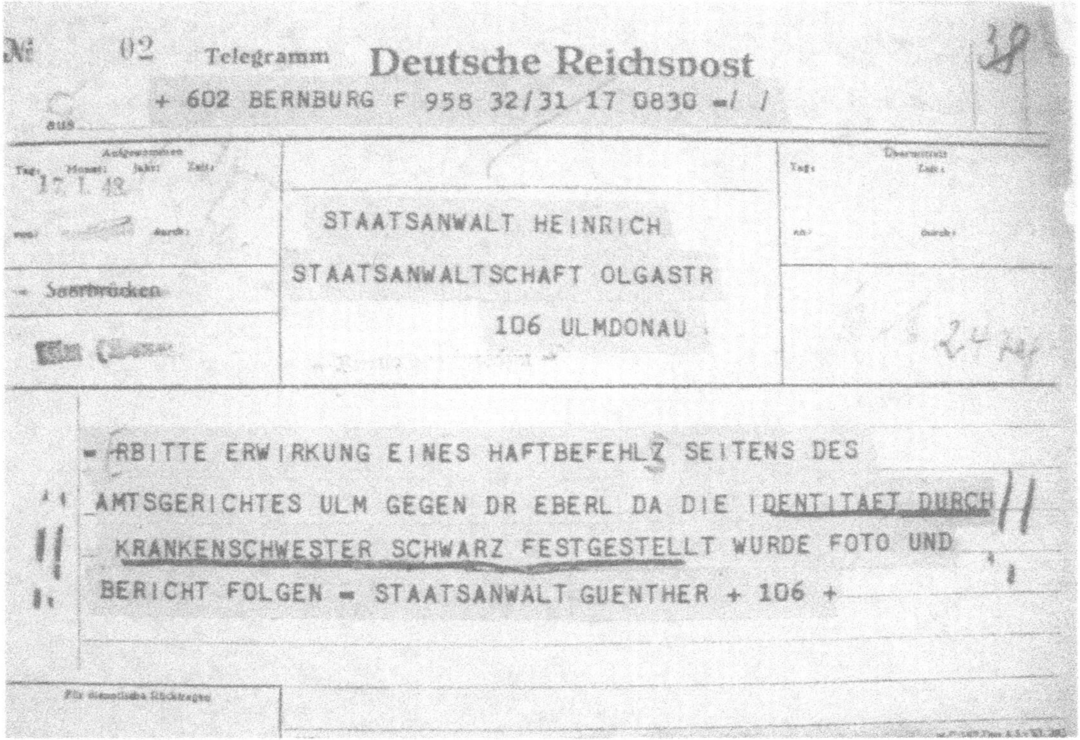
№ 02 Telegramm Deutsche Reichspost
+ 602 BERNBURG F 958 32/31 17 0830 =/ /
17. I. 48
Saarbrücken
STAATSANWALT HEINRICH
STAATSANWALTSCHAFT OLGASTR
106 ULMDONAU
= RBITTE ERWIRKUNG EINES HAFTBEFEHLZ SEITENS DES
AMTSGERICHTES ULM GEGEN DR EBERL DA DIE IDENTITAET DURCH
KRANKENSCHWESTER SCHWARZ FESTGESTELLT WURDE FOTO UND
BERICHT FOLGEN = STAATSANWALT GUENTHER + 106 +

Abbildung 5: Telegramm des Bernburger Staatsanwalts nach der Identifizierung Eberls mit der Forderung, einen Haftbefehl zu erlassen

Abbildung 6: Irmfried Eberl, erhängt in seiner Zelle

Anmerkungen

1 Nach Taufschein variierend: Zainir, Zannir. Vgl. Michael Gehler, „Heilen durch Töten" oder „Gott und Welt vergasen" – Vom Medizinstudent zum Massenmörder: Biographische Annäherungen zu Dr. Irmfried Eberl 1910 – 1948. S. 362.
2 Vgl. ebenda. S. 362.
3 Vgl. ebenda. S. 362.
4 Vgl. ebenda. S. 362.
5 Vgl. ebenda. S. 362.
6 Brief von Irmfried Eberl an Dr. Hefelmann (25. August 1940). HHStAW Abt. 631a, Nr. 1632. Weitere genannte Daten zu Franz Eberl entstammen seiner Personalakte im Vorarlberger Landesarchiv. VLA/ohne Signatur.
7 Vgl. Gehler, Heilen. S. 362 bzw. 379. Vgl. Brief von Ruth Rehm an Dr. Bartels (10. Jänner 1938). HHStAW 631a, 1633.
8 Im Nachfolgenden genannte biographische Daten und Fakten zu Harald Eberl (wenn nicht anders angegeben): vgl. ebenda. S. 363f.
9 Heute ist Altstadt (Landessprache: Horní Staré Město) ein Vorort der tschechischen Bezirksstadt Trautenau (Trutnov).
10 Harald absolvierte die mündliche Matura am 10. Juli 1920. Der zu diesem Zeitpunkt 17-Jährige war der jüngste Absolvent seines Jahrgangs. Vgl. Anton Vonach, Das Bregenzer Gymnasium. Werdegang und Entwicklung 1895 – 1949. S. 94f.
Zur Schulgeschichte: Das „k. k. Staatsgymnasium" Bregenz, 1895 gegründet, wurde 1918 zur Bundesanstalt. Es war ursprünglich humanistisch geführt, seit den 20er Jahren wurden einige Klassen „realgymnasial" geführt. 1913 erfolgte der Umzug in ein neues Gebäude (in dem sich heute das Bundesgymnasium Gallusstraße befindet). 1980 kam es zur Übersiedlung in den Neubau an der Blumenstraße. Die von da an koedukativ geführte Schule trug fortan den Namen Bundesgymnasium Blumenstraße.
11 Vgl. Anton Vonach, Geschichte des Bundesgymnasiums Bregenz. II. Teil. Schule und Leben. S. 317.
12 Gehler, Heilen. S. 365.
13 Die Kanzlei befindet sich noch heute im Besitz der Familie Kinz.
14 Vgl. Vonach, Gymnasium. S. 132.
15 Vgl. ebenda. S. 137f. Ein Jahr zuvor absolvierte der spätere Feldkircher Diözesanbischof Bruno Wechner (1908 – 1999) dort die Reifeprüfung – ebenfalls mit Auszeichnung.
16 Vgl. ebenda. S. 138.
17 Die katholischen Verbindungen hielten sich um die Jahrhundertwende weltanschaulich an (den oft populistisch-antisemitisch agierenden) Karl Lueger, den Gründer der Christlichsozialen Partei (1893) und späteren Bürgermeister von Wien (1897 – 1910).
18 Vgl. Gehler, Heilen. S. 367.
19 Vgl. ebenda. S. 365f.
20 Vgl. ebenda. S. 369.

[21] Rede von cand. med. Irmfried Eberl, gehalten am 26. Jänner 1933 auf der allgemeinen Studentenversammlung für den NSDStB. HHStAW 631a, 1632. Tippfehler wurden bei den in diesem Buch zitierten Dokumenten korrigiert (MG).
[22] Vgl. Gehler, Heilen. S. 368.
[23] Undatierter Lebenslauf von Irmfried Eberl (mit Sicherheit 1937 verfasst). HHStAW 631a, 1634.
[24] Vgl. Gehler, Heilen. S. 369.
[25] Vgl. ebenda. S. 369f. (Gespräch von Michael Gehler mit Dr. Ernst Triendl).
[26] HHStAW 631a, 1632.
[27] Brief vom Führer der Wiener Spitals-Ärzte im Wiener Heimatschutz an Irmfried Eberl (26. August 1935). HHStAW 631a, 1633.
[28] Lebenslauf von Irmfried Eberl. HHStAW 631a, 1634.
[29] Ebenda.
[30] Brief von Irmfried Eberl an seinen Bruder Harald (3. Februar 1938). HHStAW 631a, 1635.
[31] Ebenda.
[32] Brief von Irmfried Eberl an Emmy Begus (14. Oktober 1937). HHStAW 631a, 1635.
[33] Brief von Emmy Begus an Irmfried Eberl (23. Oktober 1937). HHStAW 631a, 1635.
[34] Brief von Irmfried Eberl an Harald (3. Februar 1938). HHStAW 631a, 1635.
[35] Brief von Harald Eberl an Irmfried (28. Februar 1938). HHStAW 631a, 1635.
[36] Brief von Irmfried Eberl an Harald (3. Februar 1938). HHStAW 631a, 1635.
[37] Brief von Emmy Begus an Irmfried Eberl (9. Mai 1938). HHStAW 631a, 1635.
[38] Brief von Irmfried Eberl an Emmy Begus (14. Juni 1938). HHStAW 631a, 1635.
[39] Brief von Emmy Begus an Irmfried Eberl (17. Juni 1938). HHStAW 631a, 1635.
[40] Handschriftlicher Lebenslauf von Ruth Eberl innerhalb des Personal-Fragebogens der DAF (2. März 1940). Die hier genannten Details zur Biographie entstammen dieser Quelle. HHStAW 631a, 1633.
[41] Brief von Ruth Rehm an Dr. Bartels (10. Jänner 1938). HHStAW 631a, 1633.
[42] Ebenda.
[43] Mitteilung des Hauptgesundheitsamts Berlin an Irmfried Eberl (2. September 1938). HHStAW 631a, 1635.
[44] Mitteilung des Hauptgesundheitsamts Berlin an Irmfried Eberl (3. Oktober 1938). HHStAW 631a, 1635.
[45] Zitiert nach: Ernst Klee, Dokumente zur Euthanasie. S. 36.
[46] Zitiert nach: ebenda. S. 42.
[47] Zitiert nach: ebenda. S. 43.
[48] Zitiert nach: ebenda. S. 85.
[49] Eidesstattliche Erklärung von Viktor Brack (12. Oktober 1946). Ebenda. S. 86.
[50] Aussage des Zeugen Rudolf B. (29. Jänner 1948). StAL EL 322, Bü 27745.
[51] Personal-Fragebogen der DAF von Ruth Eberl (2. März 1940). HHStAW 631a, 1633.
[52] Aussage von August Becker im Verfahren gegen Dr. Werner Heyde. Zitiert nach: Ernst Klee, „Euthanasie" im NS-Staat. S. 110 – 112.
[53] Vgl. Henry Friedlander, Der Weg zum NS-Genozid. S. 168.
[54] Vernehmung von Aquilin Ullrich in Frankfurt (10. Oktober 1962). HHStAW 631a, 1726.

[55] Vgl. Friedlander, Genozid. S. 157f. Klee, Dokumente. 147.
[56] Vgl. Klee, Dokumente. S. 232f.
[57] Vgl. Klee, Euthanasie. S. 99f.
[58] HHStAW 631a, 1632.
[59] Ebenda.
[60] Ebenda.
[61] Ebenda.
[62] Brief von Irmfried Eberl an Dr. Lonauer (16. Juli 1940). HHStAW 631a, 1632.
[63] Ebenda.
[64] Ebenda.
[65] Vgl. Klee, Euthanasie. S. 158.
[66] Brief der Anstalt Bernburg an Erich K. (20. Februar 1941). Zitiert nach: Klee, Dokumente. S. 139f.
[67] Zitiert nach: Klee, Euthanasie. S. 318.
[68] Brief von Irmfried Eberl an den „Reichsausschuß", Postfach 101, Berlin (6. Juli 1940). HHStAW 631a, 1632.
[69] Brief vom „Reichsausschuß" an Irmfried Eberl (16. Juli 1940). Der Brief trägt die Unterschrift Bracks. HHStAW 631a, 1632.
[70] Brief von Irmfried Eberl an den „Reichsausschuß", Postschließfach 101, Berlin (10. September 1940). HHStAW 631a, 1632.
[71] Vollmachten vom 14. Mai und 9. Juni 1941. HHStAW 631a, 1632.
[72] StAL EL 322, Bü 27745.
[73] HHStAW 631a, 1611 (Beilage).
[74] „Organisation der Anstalt Bernburg" (undatiertes Dokument von Irmfried Eberl). HHStAW 631a, 1632.
[75] Vgl. Friedlander, Genozid. S. 218.
[76] Brief von Ruth Eberl an Herbert Gerstner (30. März 1942). HHStAW 631a, 1632.
[77] Vgl. Klee, Was sie taten – Was sie wurden. S. 32f.
[78] Vernehmung von Erna Sch. in Nienburg/Saale (24. Jänner 1948). StAL EL 322, Bü 27745.
[79] Ebenda.
[80] „Organisation der Anstalt Bernburg". HHStAW 631a, 1632.
[81] Vernehmung von Heinrich Bunke in Frankfurt (18. April 1962). HHStAW 631a, 1666.
[82] Vgl. Klee – Was sie taten. S. 172f.
[83] Vernehmung von Susanne Sch. in Frankfurt (5. Dezember 1961). HHStAW 631a, 1715.
[84] Vernehmung von Albert G. in Frankfurt (21. November 1961). HHStAW 631a, 1675.
[85] Brief von Irmfried Eberl an Dr. Nitsche (4. Dezember 1942). HHStAW 631a, 1632.
[86] Vgl. Klee, Dokumente. S. 250f.
[87] „Organisation der Anstalt Bernburg". HHStAW 631a, 1632.
[88] Ebenda.
[89] Vernehmung von Inge Sch. in Nienburg/Saale (26. Jänner 1948). StAL EL 322, Bü 27745.
[90] Ebenda.

[91] Vernehmung von Hilde R. in Frankfurt (6. Dezember 1961). HHStAW 631a, 1707.
[92] HHStAW 631a, 1632.
[93] Vernehmung von Christel D. in Frankfurt (22. November 1965). HHStAW 631a, 1669.
[94] Vernehmung von Helga Sch. in Frankfurt (8. Februar 1967). HHStAW 631a, 1719.
[95] Vernehmung von Gerhard Godenschweig in Frankfurt (20. Juni 1963). HHStAW 631a, 1677.
[96] Zitiert nach: Klee, Dokumente. S. 194f.
[97] Aktenvermerk von Irmfried Eberl (15. Jänner 1943). HHStAW 631a, 1631.
[98] Brief von Rudolf Lonauer an Irmfried Eberl (29. Oktober 1941). HHStAW 631a, 1631.
[99] „Organisation der Anstalt Bernburg". HHStAW 631a, 1632.
[100] Zitiert nach: Klee, Euthanasie. S. 351.
[101] Tätigkeitsbericht von Irmfried Eberl (7. März 1942). HHStAW 631a, 1631.
[102] Brief von Irmfried Eberl an Werner Blankenburg (3. März 1942). HHStAW 631a, 1631.
[103] Brief von Irmfried Eberl an Ruth (15. Februar 1942). HHStAW 631a, 1631.
[104] Ebenda.
[105] Ebenda.
[106] Brief von Irmfried Eberl an die „Kameradschaft Bernburg" (19. Februar 1942). HHStAW 631a, 1631.
[107] Brief von Eberl an Blankenburg (3. März 1942). HHStAW 631a, 1631.
[108] Es ist bis heute strittig, ob sich der Name in seiner ursprünglichen Bedeutung auf den 1942 ermordeten Organisator der „Endlösung", Reinhard Heydrich, oder auf den Staatssekretär im Reichsfinanzministerium, Fritz Reinhardt, bezieht.
[109] Brief von Irmfried Eberl an die „Landes-Heil- und Pflegeanstalt Bernburg" (26. April 1942). HHStAW 631a, 1631.
[110] Vgl. Raul Hilberg, Die Vernichtung der europäischen Juden. Bd. 2. S. 939f.
[111] Brief von Irmfried Eberl an Ruth (29. Juni 1942). HHStAW 631a, 1631.
[112] Letztgenannte Details entstammen dem Artikel „Treblinka" aus der „Enzyklopädie des Holocaust". Treblinka, in: Enzyklopädie des Holocaust. Bd. 3. S. 1427–1432.
[113] Brief von Irmfried Eberl an Ruth (30. Juli 1942). HHStAW 631a, 1631.
[114] Brief von Irmfried Eberl an Ruth (3. August 1942). HHStAW 631a, 1631.
[115] Vgl. „Gerstein-Bericht", u. a. abgedruckt in: Léon Poliakov/Joseph Wulf, Das Dritte Reich und die Juden. Frankfurt am Main-Berlin 1983. S. 101–115.
[116] Zitiert nach: Gitta Sereny, Am Abgrund: Gespräche mit dem Henker. Franz Stangl und die Morde von Treblinka. S. 183f.
[117] Brief von Ruth Eberl an Irmfried (24. August 1942). HHStAW 631a, 1631.
[118] Urteil des LG Düsseldorf (3. September 1965), 8 I Ks 2/64. Zitiert nach: Adalbert Rückerl, Nationalsozialistische Vernichtungslager im Spiegel deutscher Strafprozesse. Belzec, Sobibor, Treblinka, Chelmno. S. 208f.
[119] Sereny, Abgrund. S. 181.
[120] Ebenda. S. 186.
[121] Vgl. ebenda. S. 156 bzw. 188.
[122] Ebenda. S. 186.

[123] Urteil des LG Düsseldorf (3. September 1965), 8 I Ks 2/64. Zitiert nach: Rückerl, Vernichtungslager. S. 214.
[124] Urteil des LG Düsseldorf (3. September 1965), 8 I Ks 2/64. Zitiert nach: Rückerl, Vernichtungslager. S. 235.
[125] Sereny, Abgrund. S. 149.
[126] Brief von Irmfried Eberl an Dr. Nitsche (16. April 1942). HHStAW 631a, 1631.
[127] Vernehmung von Heinrich Bunke (18. April 1962). HHStAW 631a, 1666.
[128] Aktenvermerk von Irmfried Eberl (15. Jänner 1943). HHStAW 631a, 1631.
[129] Aktenvermerk von Irmfried Eberl (21. Jänner 1943). HHStAW 631a, 1631.
[130] Brief von Irmfried Eberl an Fritz Hirche (28. Jänner 1943). HHStAW 631a, 1631.
[131] Brief von Gustav Schmischke an Irmfried Eberl (13. März 1943). HHStAW 631a, 1632.
[132] Vgl. Eugen Kogon, Der SS-Staat. S. 256.
[133] HHStAW 631a, 1632.
[134] Brief von Ruth Eberl an die Sicherheitspolizei, Paris (27. März 1943). HHStAW 631a, 1633.
[135] Testament von Ruth Eberl (25. Mai 1943). StAL EL 322, Bü 27745.
[136] Brief von Ruth Eberl an ihre Eltern (3. Juli 1944). StAL EL 322, Bü 27745.
[137] Letztwillige Verfügung von Ruth Eberl (3. Juli 1944). StAL EL 322, Bü 27745.
[138] Brief von Irmfried Eberl an seinen Vater (24. September 1944). HHStAW 631a, 1631.
[139] Ebenda.
[140] Brief von Gerda P. an das Amt für Vermögenskontrolle, Ulm (29. November 1948). StAL EL 322, Bü 27745.
[141] Fragebogen „Military Government of Germany" von Irmfried Eberl (20. August 1945). StAL EL 322, Bü 27745.
[142] Ebenda.
[143] Dr. Hahn an das Ministerium für politische Befreiung (30. September 1946). StAL EL 322, Bü 27745.
[144] Klageschrift der Spruchkammer Ulm-Land gegen Irmfried Eberl (22. November 1946). StAL EL 322, Bü 27745.
[145] Bescheinigung der Spruchkammer Ulm-Land (28. April 1947). StAL EL 322, Bü 27745.
[146] Brief des Generalstaatsanwalts Stuttgart an die Staatsanwaltschaft Ulm (5. November 1947). StAL EL 322, Bü 27745.
[147] Vernehmung von Irmfried Eberl (8. Dezember 1947). StAL EL 322, Bü 27745.
[148] Brief von Staatsanwalt Heinrichs an die Kriminalpolizei Bernburg (23. Dezember 1947). StAL EL 322, Bü 27745.
[149] Vernehmung von Irmfried Eberl (8. Jänner 1948). StAL EL 322, Bü 27745.
[150] Brief von Gefängnisarzt Brossmann an den Oberstaatsanwalt Ulm (16. Jänner 1948). StAL EL 322, Bü 27745.
[151] Brief von Gefängnisarzt Brossmann an die Staatsanwaltschaft Ulm (28. Jänner 1948). StAL EL 322, Bü 27745.
[152] Haftbefehl des Amtsgerichts Ulm gegen Irmfried Eberl (7. Februar 1948). StAL EL 322, Bü 27745.
[153] Aussage Albert Sch. (16. Februar 1948). StAL EL 322, Bü 27745.

[154] Aussage Herbert P. (16. Februar 1948). StAL EL 322, Bü 27745.
[155] Abschiedsbrief von Irmfried Eberl (15. Februar 1948). StAL EL 322, Bü 27745.
[156] Ärztlicher Bericht von Gefängnisarzt Brossmann (16. Februar 1948). StAL EL 322, Bü 27745.
[157] Ergänzungsklage (3. Juni 1948) zur Klageschrift der Spruchkammer Ulm-Land gegen Irmfried Eberl (22. November 1946). StAL EL 322, Bü 27745.
[158] Protokoll der öffentlichen Sitzung der Spruchkammer Ulm-Stadt (17. August 1948). StAL EL 322, Bü 27745.
[159] Ebenda.
[160] Vgl. Vonach, Gymnasium. S. 195.
[161] Personalakte von Franz Eberl. VLA/ohne Signatur.
[162] Vernehmung von Heinrich Bunke in Frankfurt (17. April 1962). HHStAW 631a, 1666.
[163] Nur bei der Partnersuche schien er weniger zurückhaltend gewesen zu sein. Es ist erwiesen, dass er von 1933 bis zu seinem Tod praktisch ständig in einer Partnerschaft lebte. Verbürgt ist die bereits erwähnte längere Affäre mit einer Sekretärin. Wenngleich es keine Belege für weitere Seitensprünge gibt, verbessert Eberls Untreue gegenüber der ersten Ehefrau Ruth sein Charakterbild nicht.
[164] Vernehmung von Aquilin Ullrich in Stuttgart (26. September 1961). HHStAW 631a, 1726.
[165] Vernehmung von Christel D. in Frankfurt (22. November 1965). HHStAW 631a, 1669.
[166] Vernehmung von Gerhard Godenschweig in Frankfurt (11. Februar 1965). HHStAW 631a, 1677.
[167] Martin Broszat (Hrsg.), Kommandant in Auschwitz. Autobiographische Aufzeichnungen von Rudolf Höß. S. 151.

Literatur- und Abkürzungsverzeichnis

Abkürzungsverzeichnis

Begriffe

AStA ... Allgemeiner Studentenausschuss
CIC ... Counter Intelligence Corps
DAF ... Deutsche Arbeitsfront
DSt ... Deutsche Studentenschaft
Gekrat ... Gemeinnützige Krankentransport GmbH
KdF ... Kanzlei des Führers
KDHÖ ... Katholisch-Deutsche Hochschülerschaft Österreichs
NSDAP ... Nationalsozialistische Deutsche Arbeiterpartei
NSDStB ... Nationalsozialistischer Deutscher Studentenbund
NSF ... Nationalsozialistische Frauenschaft
NSV ... Nationalsozialistische Volkswohlfahrt
RBG ... Reichsbetriebsgemeinschaft
SSPF ... SS- und Polizeiführer
VF ... Vaterländische Front

Quellen

HHStAW ... Hessisches Hauptstaatsarchiv Wiesbaden
StAL ... Staatsarchiv Ludwigsburg
VLA ... Vorarlberger Landesarchiv

Literaturverzeichnis

Literatur

Benz, Wolfgang (Hrsg.), Lexikon des Holocaust. München 2002.

Broszat, Martin (Hrsg.), Kommandant in Auschwitz. Autobiographische Aufzeichnungen von Rudolf Höß (=Quellen und Darstellungen zur Zeitgeschichte 5). Stuttgart 1958.

Gehler, Michael, „Heilen durch Töten" oder „Gott und Welt vergasen" – Vom Medizinstudent zum Massenmörder: Biographische Annäherungen zu Dr. Irmfried Eberl 1910-1948, in: Tirol und Vorarlberg in der NS-Zeit

(Innsbrucker Forschungen zur Zeitgeschichte 19). Innsbruck-Wien-München-Bozen 2002. S. 361 – 382.

Friedlander, Henry, Der Weg zum NS-Genozid. Von der Euthanasie zur Endlösung. Berlin 1997.

Gellately, Robert (Hrsg.)/Goldensohn, Leon, Die Nürnberger Interviews. Gespräche mit Angeklagten und Zeugen. Düsseldorf-Zürich 2005.

Gutman, Israel (Hrsg.), Enzyklopädie des Holocaust. Die Verfolgung und Ermordung der europäischen Juden. 4 Bände. Deutsche Ausgabe. München-Zürich 1995.

Hilberg, Raul, Die Vernichtung der europäischen Juden. 3 Bände. Frankfurt am Main 1990.

Klee, Ernst, „Euthanasie" im NS-Staat. Die Vernichtung lebensunwerten Lebens. Frankfurt am Main 1983.

Klee, Ernst (Hrsg.), Dokumente zur „Euthanasie". Frankfurt am Main 1985.

Klee, Ernst/Dreßen, Willi/Rieß, Volker (Hrsg.), „Schöne Zeiten". Judenmord aus der Sicht der Täter und Gaffer. Frankfurt am Main 1988.

Klee, Ernst, Was sie taten – Was sie wurden. Ärzte, Juristen und andere Beteiligte am Kranken- und Judenmord. Frankfurt am Main 1992.

Kogon, Eugen, Der SS-Staat. München 1974.

Lifton, Robert Jay, Ärzte im Dritten Reich. Stuttgart 1988.

Rückerl, Adalbert (Hrsg.), Nationalsozialistische Vernichtungslager im Spiegel deutscher Strafprozesse. Belzec, Sobibor, Treblinka, Chelmno. München 1977.

Sereny, Gitta, Am Abgrund: Gespräche mit dem Henker. Franz Stangl und die Morde von Treblinka. München 1995.

Vonach, Anton, Das Bregenzer Gymnasium. Werdegang und Entwicklung 1895 – 1949. Im Selbstverlag des Verfassers. Bregenz 1950.

Vonach, Anton, Geschichte des Bundesgymnasiums Bregenz. II. Teil. Schule und Leben. Im Selbstverlag. Bregenz 1952.

Bildnachweise

Abb. 1, 2, 4, 5, 6: StAL EL 322, Bü 27745 (Reproduktion Aufnahmen 1, 2, 6: Landesarchiv Baden-Württemberg).

Abb. 3: HHStAW Abt. 631a, Nr. 1635.

Personenverzeichnis

Allers, Dietrich 44
Bartels, Friedrich 27
Baumhard, Ernst 34
Becker, August 34
Begus, Emmy 19-26
Begus, Richard 21f.
Binding, Karl 31
Blankenburg, Werner 32, 68
Bohne, Gerhard 51f.
Bormann, Martin 34
Bouhler, Philipp 32f., 51
Brack, Viktor 32f., 35, 37, 51, 97
Brandt, Karl 33f., 35
Brossmann 98, 101
Bunke, Heinrich 56, 60, 86, 105
Catel, Werner 33
Conti, Leonardo 29, 32-34
Eberl, Ekhard 10, 103
Eberl, Franz 9f., 103
Eberl, Harald 9-13, 16, 21f., 103
Eberl (Rehm), Ruth 21f., 24, 26-28, 34, 51, 65f., 68, 70-73, 75, 77, 88-91, 93f., 109
Eberl, Theresia 9, 90
Enke, Willi 53, 55f., 61
Franz, Kurt 81-83
Freisler, Roland 49
Fritsch, Theodor 87
Galen, Clemens August Graf von 61
Gerstein, Kurt 75
Gerstner, Herbert 51
Globocnik, Odilo 75, 78
Godenschweig, Gerhard 61, 86, 108
Hallervorden, Julius 51, 60, 85
Hefelmann, Hans 32, 44
Heinrichs 96-98
Heinze, Hans 33, 49

Heyde, Werner 85
Himmler, Heinrich 75
Hirche, Fritz 59f., 86
Hitler, Adolf 9, 15, 17, 27, 33, 47, 65, 75, 106f.
Hoche, Alfred 31
Höß, Rudolf 109f.
Hoven, Waldemar 87, 95-97, 101f.
Kaufmann, Adolf Gustav 35
Kinz, Ferdinand 11
Klee, Ernst 57
Kogon, Eugen 95, 99
Lonauer, Rudolf 39, 61, 63
Lorenz, Konrad 82
Mayer, Joseph 31
Mengele, Josef 7
Mennecke, Fritz 57
Nitsche, Paul 85f.
Pfoch, Hubert 75
Rehm, Clara 26
Rehm, Friedrich 26
Renno, Georg 39
Schmidt, Walter 57
Schmidt, Wilhelm 56
Schmischke, Gustav 86
Schönerer, Georg Ritter von 9
Scholtz-Klink, Gertrud 27
Schumann, Horst 51, 65, 67
Sereny, Gitta 78
Stangl, Franz 69, 77-83
Suchomel, Franz 78
Todt, Fritz 65
Ullrich, Aquilin 35, 61, 107
Wentzler, Ernst 33
Widmann, Albert 34f.
Wirth, Christian 61, 69, 75, 77f.

Peter Lang · Europäischer Verlag der Wissenschaften

Klaus Popa

Akten um die Deutsche Volksgruppe in Rumänien 1937–1945

Eine Auswahl

Frankfurt am Main, Berlin, Bern, Bruxelles, New York, Oxford, Wien, 2005.
600 S., zahlr. Tab.
ISBN 3-631-54441-3 · br. € 86.–*

Der Band veranschaulicht die nach dem 1. Weltkrieg zur Regel gewordene extreme Nationalisierung und schließliche Nazifizierung volksdeutscher Gruppen in Mittelost-, Ost- und Südosteuropa am Beispiel der deutschen Minderheit Rumäniens. Diese Minderheit steht exemplarisch für die Instrumentalisierung der so genannten Volksdeutschen seitens des Dritten Reiches, dessen NS-Doktrin diese Deutschen als unlösbaren Bestandteil des 100-Millionen Volkes feierte. Die Dokumentensammlung veranschaulicht, wie die SS-Führung die deutsche Minderheit Rumäniens als erfolgreiches Experimentierfeld dessen missbrauchte, was der Herausgeber als Volksgruppen-Engineering bezeichnen möchte. Diese Volksgruppe erfüllte die ihr zugedachte Rolle eines Muster- und Vorzeigeobjekts für andere Volksgruppen Südosteuropas einwandfrei. Und die Deutschen Rumäniens übernahmen diese triste Vorreiterrolle mit sonderbarer Willfährigkeit.

Aus dem Inhalt: Anmerkungen zur Edition · Regesten · Textkorpus: Eine Sammlung von Dokumenten zur Veranschaulichung des Nazifizierungsprozesses der deutschen Minderheit in Rumänien bis hin zur Instrumentalisierung ihrer menschlichen und materiellen Ressourcen für die Expansionspolitik des Dritten Reiches

Frankfurt am Main · Berlin · Bern · Bruxelles · New York · Oxford · Wien
Auslieferung: Verlag Peter Lang AG
Moosstr. 1, CH-2542 Pieterlen
Telefax 00 41 (0) 32 / 376 17 27

*inklusive der in Deutschland gültigen Mehrwertsteuer
Preisänderungen vorbehalten
Homepage http://www.peterlang.de

www.ingramcontent.com/pod-product-compliance
Lightning Source LLC
LaVergne TN
LVHW051951060526
838201LV00059B/3601